U0666631

宏观经济视角下个人所得税比较与预测研究

詹莎莎 著

新 华 出 版 社

图书在版编目（CIP）数据

宏观经济视角下个人所得税比较与预测研究／詹莎
莎著 . -- 北京：新华出版社，2021.7
ISBN 978-7-5166-5985-4

Ⅰ . ①宏… Ⅱ . ①詹… Ⅲ . ①个人所得税－税收管理
－研究－中国 Ⅳ . ① F812.423

中国版本图书馆 CIP 数据核字 (2021) 第 150163 号

宏观经济视角下个人所得税比较与预测研究

作　　者：詹莎莎

责任编辑：唐波勇　　　　　　　　封面设计：优盛文化

出版发行：新华出版社
地　　址：北京石景山区京原路 8 号　　邮　　编：100040
网　　址：http://www.xinhuapub.com
经　　销：新华书店、新华出版社天猫旗舰店、京东旗舰店及各大网店
购书热线：010-63077122　　　　中国新闻书店购书热线：010-63072012

照　　排：优盛文化
印　　刷：定州启航印刷有限公司

成品尺寸：170mm×240mm
印　　张：12.5　　　　　　　　　　字　　数：224 千字
版　　次：2021 年 7 月第一版　　　印　　次：2021 年 7 月第一次印刷

书　　号：ISBN 978-7-5166-5985-4
定　　价：65.00 元

版权专有，侵权必究。

前　言

随着经济体制改革和政治体制改革的深入和完善，我国经济取得了较快发展，居民收入不断提高，然而我国现阶段的税制结构却与经济发展水平不相适宜。目前，我国是以间接税为主，直接税为辅的税制结构。截至到2019年年底，间接税在我国税收收入中的比重约为60%，直接税的比重不足40%。虽然，近几年间接税在税收收入中的比重有所下降，但下降幅度较慢，与2019年相比，2018年间接税占税收收入的比重仅下降2个百分点。直接税在税收收入中的比重自1999年以后有所上升，但最高比重仅为29%。自2010年开始，该比重又呈现下降趋势，与2011年相比，2010年直接税在税收收入中的比重下降20%，2013年该比重再次上升。这种税制结构不仅不符合世界税制结构的发展规律，而且与经济发达国家，甚至一些发展中国家的税制结构相比，也存在较大的差异，在一定程度上阻碍了我国经济发展的步伐。例如，美国个人所得税占财政收入的比重为55%，澳大利亚为36%，希腊为16%，斯洛伐克为8%，均高于中国5%左右的占比。鉴于此，我国亟须进行税制结构改革，改革的方向为逐步增加直接税在税收收入中的比重，减少间接税在税收收入中的比重。

个人所得税作为具有增加政府财政收入和调节居民收入差距双重职能的直接税的一种，应当在国家宏观经济调控中发挥重要的作用。但我国个人所得税占国家财政收入的比重不足6%，限制了其功能的发挥。为了最大限度地发挥个人所得税的两大职能，我们认为应当不断增加个人所得税在税收收入中的比重。对于如何增加这个比重，本书建议通过以下三条途径实现：

第一，调低个人所得税费用扣除标准。费用扣除标准作为影响个人所得税职能发挥的一个重要因素，是个人所得税制度改革首先需要调整的内容。个人所得税作为一种"大众税"，缴纳个人所得税应当是每个具备纳税能力的公民应尽的责任和义务，目前，每月5 000元的费用扣除标准与世界其他国家相比，合理性和科学性较弱。本书通过国际比较，选取了具有代表性的美国、英国等国家，通过对比分析上述国家个人所得税费用扣除标准的制定原则、每次调整的浮动、每次调整的时间间隔等，借鉴成功经验，同时，结合我国具体国情，设计出符合目前经济发展态势的个人所得税费用扣除标准。本书主张采用贫困线标准制定个人所得税费用扣除标准。确定贫困线标准主要参照美国等市场经济比较成熟的国家，通过横向比较，获取各国制定贫困线的标准，然后结合我国经济发展情况，采用取平均值或者中位数的方法制定我国的贫困线标准。

第二，调整我国个人所得税的税率结构。个人所得税税率结构是除费用扣除标准以外的另一个影响个人所得税职能发挥的因素，应当成为个人所得税制度改革涉及的内容之一。与世界其他国家相比，我国个人所得税税率结构存在较多问题，如税级过多、税率设置不合理等。本书通过国际比较，从各级税率调整方向、调整力度和调整阶段入手，在借鉴他国经验的基础上进行改良，设计符合国际税率改革大体趋势的税率结构。

第三，对比增值税与个人所得税在财政收入中的比重，并结合增值税改革的国际惯例，预测增值税税率变动时，增值税和个人所得税在财政收入中的变化情况。

在上述研究的基础上，我们采用三种经济预测方法，包括生长曲线预测方法、确定型常参数预测方法和 ES 预测方法，预测"十四五"期间我国个人所得税收入总量变化。同时，分三种假设情况预测个人所得税总量变化：一是个人所得税制度保持现有标准不变时；二是个人所得税费用扣除标准调整时；三是个人所得税税率调整时。

税收作为国家财政收入的主要来源，对国家财政收入有较大影响，而财政收入的变化对经济安全又产生影响。个人所得税虽然在财政收入中的占比较小，对经济安全的影响较弱，但这并非是因为个人所得税在经济安全衡量体系中缺乏重要性导致的，究其原因，主要是个人所得税在财政收入中占比较小，当个人所得税在财政收入中的占比逐步上升时，其对经济安全的影响必然彰显。本书立足当下，采用比较分析与预测分析相结合的方法，研究个人所得税在财政收入中的占比发生变化时，对国家经济安全的影响。

本书的研究思路为首先提出问题，通过介绍税制结构相关概念，分析比较国际税制结构变动和我国税制结构变动的异同点，研究目前我国税制结构存在的问题，然后建议进行个人所得税制度改革。影响个人所得税职能发挥的两大主要因素为个人所得税费用扣除标准和个人所得税税率，所以个人所得税制度改革的焦点和难点就围绕这两部分展开。个人所得税费用扣除标准和税率改革主要通过与其他国家横向比较实现，通过研究分析世界上其他国家上述两项内容的变革，得出符合我国经济发展规律的制定标准。本书在费用扣除标准的改革上建议根据贫困线设定费用扣除标准。个人所得税税率改革涉及税级、税率和级距，这三方面的调整可依据世界总体发展趋势。在确定了费用扣除标准和个人所得税税率结构以后，分三种情况预测我国个人所得税收入总量的变化，主要包括保持现有制度标准、费用扣除标准变化和税率结构调整，在此基础上分析个人所得税变动对国家经济安全的影响。最后，利用软件分析个人所得税与增值税之间的关系，旨在寻找当增值税发生变动时，个人所得税会发生何种变化。

本书的主要创新点为：1. 理论研究与实证研究相结合，对比个人所得税制度健全国家和部分发展中国家的费用扣除标准，依据贫困线的标准制定个人所得税费用扣除标准。2. 根据贫困线标准制定费用扣除标准时，采用国际对比，在总结他国设定标准的基础上，考虑取中间值或平均值的方法，同时结合我国国情确定标准。3. 个人所得税税率设置参考他国成功经验，从税率级次、税收级距、边际税率等方面分别比较，对比各国对上述方面的调整过程，结合我国国情确定最终的个人所得税税率结构和调整时间间隔。4. 采用生长曲线法、确定型常参数法、ES 预测三种方法预测"十四五"期间我国个人所得税总量区间。同时，假定当费用扣除标准和税率变动时，预测个人所得税收入总量变动和在财政收入中占比的变动。5. 借助现有指标体系，分析个人所得税通过对财政收入的影响，进而对国家经济安全的影响。在此基础上，分析当费用扣除标准和税率变动时对经济安全的影响。

目　录

第1章 引论

1.1 问题的提出

1.1.1 税制结构

一般意义的税制结构（taxation structure）是指一个国家或地区税收体系的整体布局和总体结构，是国家按照经济发展要求，结合配套的税收体系制度，由税类、税种、税制要素和征管方式等几个要素共同组成，各组成要素之间相互配合的一个整体系统。税制结构的基本特征可以概括为以下几点：第一，概括性。税制结构作为经济结构的一个分支，隶属于宏观经济层面，其描述的对象一般为税制的总体框架，这种对总体框架的描述决定了税制结构的性质以及发展方向。第二，目的明确。一国的税制结构情况集中反映了政府课税的主观意愿，并通过多种渠道反映出来。过渡时期的征税目的主要通过税收减免来实现；长期、永久性的税收目的主要通过税制结构的调整来实现，尤其以对税制模式的选择来实现。第三，功能的系统性。在税收体系中，税收制度功能的发挥主要是通过税制结构来实现的，而税制结构的功能首先是系统的，既包括财政功能，也包括调节功能，当然，还包括一定的社会功能。

合理、健全的税制结构将会在很大程度上促进国家和地区的健康发展。相反，不合理的税制结构则会对一国的经济发展产生阻碍作用。相应地，一国经济的发展状况也影响着该国税制结构的科学性和合理性。生产力发展状况、政府宏观调控的方式和手段、经济体制结构等因素均会对一国税制结构产生影响。

首先，经济发展水平作为生产力的决定因素，制约着该国的税制结构。

经济发展水平不仅规范着税收对社会产品分配的比例，还决定了该国税制结构的选择。在衡量经济发展水平的指标体系中，最能体现一国经济发展水平的是人均 GNP，各国人均 GNP 存在差异，从而导致了税收收入在 GNP 中的比重各不相同。一般说来人均 GNP 越高的国家，税负的个人承受能力越强，也就为税制结构的调整提供了充足的物质基础。

其次，经济结构从不同侧面对税制结构产生了影响。国与国之间在部门结构、产业结构、产品结构、所有制结构、企业组织结构等方面存在差异，这种客观存在的差异导致了各国税制结构存在差异。例如，税制结构与生产结构之间存在较高的相关性，主要表现为不同产业部门占比的变化必然会引起税制结构的调整。一国的所有制结构也会对税制结构产生影响，中华人民共和国成立以来，我国的所有制结构由以公有制为主逐步转为公有制与私有制协调发展，并且这两种所有制形式在经济发展中的地位随着我国经济体制改革的深入，还将发生较大的变动，这样的发展结果必然导致对税制结构的重新选择。

最后，不同的经济运行机制，要求有合适的税制结构相配合。这种相互关系，决定了一个国家和地区应当根据经济运行的状况调整税制结构。当经济发展处于初级阶段时，国家发展主要依靠自由放任的经济发展模式，奉行税收中性原则。此时，税制结构改革的重点为提高税收效率。流转税作为迅速增加政府财政收入的有效工具之一，在发达国家被普遍采用，此时的主体税种就是流转税。第二次世界大战以后，税收的公平性被各国所重视。各个国家通过税收实现收入公平的调控手段逐渐普及，该阶段，直接税逐步取代间接税成为发达国家的主体税种。

鉴于税制结构对国家经济的重要性，各国都在努力探求税制结构的最优模式。目前，税制结构主要以三种模式呈现，具体见表 1-1。这三种模式中，最后一种可以看作一种过渡模式，其最终会演变成一税独大的局面。所以，税制结构模式主要分为以间接税为主和以直接税为主两种模式。

表 1-1　税制结构主要模式

模式	定义	说明
以商品和劳务税为主体的税制模式	以商品和劳务为主体的税制结构就其内部主体税特征而言，又称之为以间接税为主的税制模式	以一般商品和劳务税为主，也就是对全部商品和劳务，在生产、批发、零售及劳务服务等各个环节实行普遍征税，具有征收普遍、收入稳定、调节中性等特点，但重复征税现象比较严重
		以选择性商品和劳务税为主体，也就是对部分商品和劳务，在生产、批发、零售以及劳务服务环节选择性征税，具有特殊的调节作用

模式	定义	说明
以所得税为主体的税制模式	以所得税为主的结构模式就其内部主体税特征而言，又称之为以直接税为主的税制结构模式	以个人所得税为主体。以个人所得税为主体税一般是在经济比较发达的国家，这些国家个人收入水平较高，收入差异较大，需要运用个人所得税来稳定财政收入，促进个人收入的公平分配
		以企业所得税为主体。在经济比较发达，又实行公有制经济的国家，在由间接税制向直接税制转换的过程中，有可能选择企业所得税而不是个人所得税为主体税
		以社会保障税为主体。在一些高福利国家，政府为实现社会福利经济政策，税制结构由个人所得税为主体转向社会保障税为主体
商品劳务税和所得税双主体的税制模式	该税制结构是指在整个税收体系中，商品劳务税和所得税占有较相近的比重，在财政收入和调节经济方面共同起主导作用	—

　　了解世界税制结构的发展进程，我们可以得出税制结构的发展历程符合图 1-1 所示的规律。从图中可以看出，当一个国家或地区的税制结构处于萌芽阶段时，原始的直接税在整个税收体系中占据主导地位，这主要是因为直接税的征收方式较为简单，可以克服相关机制配套欠缺的弊端。进入逐步发展阶段以后，相关机制逐渐健全，此时间接税快速增加收入的功能凸显，从而导致在该阶段间接税作为税制结构的主体被应用于许多国家。随后，当国家税制结构逐步趋于健全时，直接税取代间接税成为各国税制结构的主体。

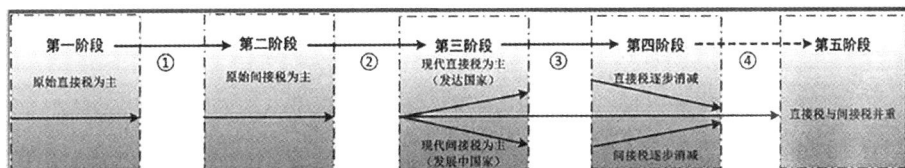

图 1-1　税制结构发展变化

通过下面章节的分析，我们可以了解到，目前我国的税制结构是间接税为主，直接税为辅的模式，这种税制模式已经不符合世界税制模式的发展潮流。鉴于此，我国应当即刻着手进行税制结构调整。

1.1.2 我国现阶段的税制结构分析

从表 1-2 的数据可知，自 20 世纪末起，在我国税制结构中，间接税一直占据着主要地位，直接税属于从属地位，截止到 1998 年，间接税在税收收入中占比高达 70%，直接税占比最高时仅占税收收入的 14%。进入 21 世纪以后，间接税的比重虽出现小幅波动，但仍占税收收入的一半以上。虽然，从 1999 年，个人所得税开始为税收收入贡献力量，但直接税仍然处于辅助地位，在 2013 年以前，直接税在税收收入中的占比始终没有超过 30%，而由个人所得税带来的税收收入的增加更小。2013 年以后，我国开始注重直接税在税制结构中的作用，逐步采取了一系列税制改革，旨在提高直接税在税收结构中的改革。也就是说截至目前，虽然直接税的比重呈现一般的上升趋势，但每年的增幅较小，我国目前依然是以间接税为主、直接税为辅的税制结构。

表 1-2 我国主要税种所占比例（单位：亿元）

年份	间接税					直接税		
	增值税（元）	消费税（元）	营业税（元）	关税（元）	比重（%）	企业所得税（元）	个人所得税（元）	比重（%）
1994	2308.34	487.4	670.02	272.68	73	708.49	—	14
1995	2602.33	541.48	865.56	291.83	71	878.44	—	15
1996	2962.81	620.23	1052.57	301.84	71	968.48	—	14
1997	3263.92	678.7	1324.27	319.49	68	963.18	—	12
1998	3628.48	814.93	1575.08	313.04	68	925.54	—	14
1999	3881.87	820.66	1668.56	562.23	65	811.41	413.66	14
2000	4553.17	858.29	1868.78	750.48	64	999.63	659.64	16
2001	5357.13	929.99	2064.09	840.52	60	2630.87	995.26	25
2002	6178.39	1046.32	2450.33	704.27	59	3082.79	1211.78	26
2003	7236.54	1182.26	2844.45	923.13	61	2919.51	1418.03	23

续 表

年份	间接税					直接税		
	增值税（元）	消费税（元）	营业税（元）	关税（元）	比重（%）	企业所得税（元）	个人所得税（元）	比重（%）
2004	9017.94	1501.9	3581.97	1043.77	63	3957.33	1737.06	25
2005	10792.11	1633.81	4232.46	1066.17	62	5343.92	2094.91	27
2006	12784.81	1886.59	5128.71	1141.78	60	7039.6	2453.71	29
2007	15470.23	2206.83	6582.17	1432.57	56	8779.25	3185.58	27
2008	17996.94	2568.27	7626.39	1769.95	55	11175.63	3722.31	28
2009	18481.22	4761.22	9013.98	1483.81	57	11536.84	3949.35	28
2010	21093.48	6071.56	11157.91	2027.83	55	12843.54	4837.27	26
2011	24266.63	6936.21	13679	2559.12	53	16769.64	6054.11	25
2012	26415.51	7875.58	15747.64	2783.93	53	19654.53	5820.28	20
2013	28810.13	8231.32	17233.02	2630.61	66	22427.2	6531.63	33
2014	30855.36	8907.12	17781.73	2843.41	65	24642.19	7376.61	35
2015	31109.47	10542.16	19312.84	2560.84	64	27133.87	8617.27	36
2016	40712.08	10217.23	11501.88	2603.75	63	28851.36	10088.98	37
2017	56378.18	10225.09	—	2997.85	61	32117.29	11966.37	39
2018	61530.77	10631.75	—	2847.78	60	35323.71	13871.97	40
2019	62346.22	12561.52	—	2889.11	62	37300.07	10388.48	38

间接税是指不直接向消费者征收税款，而是在商品或者劳动的流通过程中，通过税收转嫁的方式向消费者征收税款。这类税收表面上看是对商品生产厂商或者劳务提供者征收税款，实际上消费者才是税收的最终承受者，该种模式的税收具有很强的隐蔽性。相反，直接税是指直接对纳税人的各类收入征收税款，消费者是最直接的纳税主体，省去了中间流通环节。世界税制结构的演变过程中，这两种税制结构模式在不同时期都起到了重要的作用。当一个国家或地区处于经济发展初期，急需税收补充国家财政收入，进而进行经济建设时，间接税迅速增加政府财政收入的作用就得到了很好地发挥，几乎所有的商品和劳务都囊括到间接税缴纳体系之中。该税种不考虑消

费者实际收入水平的变化，也不关心厂商最终盈利的大小，只要商品进入流通过程就需要缴纳税款，再加上其计算方法简便易行，很快在国家税制结构中占据较大优势。

但是，以间接税为主的税制结构本身存在一定的局限性，最大的缺点就是对收入分配的调节力度较小。经济社会发展到一定阶段，必然出现贫富两极分化、居民收入差距扩大的现象。这是经济发展的必经阶段，每个国家都无法避免经历这样的过程。间接税的征收由于没有考虑消费者的收入水平，再加上间接税的税收累退性更是加剧了低收入阶层在整个收入阶层的劣势地位。相较于高收入阶层来讲，低收入阶层的消费支出占可支配收入的比例更大，税收负担相比高收入阶层更重。左晓敏（2011）选取了不同省份直接税和间接税的比重，以及城乡收入比例变化，经过对面板数据的计量回归分析，认为在税制结构中，如果减少间接税比重，增加直接税比重，城乡居民之间的收入差距会有进一步缩小的趋势[①]。也就是说直接税在调节收入差距、调节贫富不均方面的作用比较明显。

直接税的税基是纳税人的收入类所得，在一定程度上考虑了纳税人的实际收入情况和对税收的实际承受能力，整个征收过程体现了公平的原则。收入较高者承担较多的纳税义务，收入较低者承担较少的义务或者可享受税收补贴。所以，以所得税为主的直接税在减小收入差距上发挥着重要的调节功能。随着我国居民收入差距的不断扩大，我国迫切需要通过税收调节收入分配职能的发挥缓和阶层矛盾。而我国现阶段的税制结构依然是以间接税为主，直接税为辅，该种结构模式早已与经济发展趋势相斥，这种旧的税制结构模式亟须改革。但是，税收增加财政收入的职能也要兼顾，这就要求我们在进行税制结构调整时，不能一味地降低间接税的比重，提高直接税的比重，而是要寻求二者之间的最优平衡，要着眼于长期的经济发展要求。白彦锋、王聪、徐晓芳（2014）通过具体的数学模型分析，认为间接税对经济规模的扩大和经济总量的增长更具有推动作用，但不利于我国产业结构调整和升级，直接税虽然有利于我国产业转型和提高劳动效率，但是会阻碍经济增长的提高，所以二者的有机结合才是最优路径[②]。

---

① 左晓敏. 税制结构优化与城乡收入差距——基于我国省级面板数据实证研究 [J]. 会计之友，2011（2）：104-110.

② 白彦锋，王聪，徐晓芳. 我国税制建设"两个逆转"问题研究——基于税收结构的效率与公平效应的实证分析 [J]. 税政经济研究，2014（4）：63-71.

目前，我国的直接税中，企业所得税和个人所得税为主体税种，二者在税收体系中的具体情况如图 1-2 所示。1999 年以前，企业所得税可谓是"一枝独秀"，承担着直接税的所有职能。进入 21 世纪以后，个人所得税才开始在我国经济建设中承担相应的职能，但占比一直不高，不超过 10%。而企业所得税比重随着直接税比重的加大不断提高，企业所得税和个人所得税在税收体系中的占比为 3：1，也就是说企业所得税占税收收入的比重是个人所得税的 3 倍。我国的专家和学者研究了企业所得税和个人所得税对缩小贫富差距的影响。他们通过数学测算得出，企业所得税对收入调节表现为反向作用，个人所得税对收入调节表现为正向作用。目前我国直接税在收入调节中的作用有限的原因除了直接税占比不高外，与企业所得税在直接税收入中占比过高也有一定的关系。所以在我国税制结构改革中，提高直接税的比重应以提高个人所得税在直接税中的比重为主要改革方向。

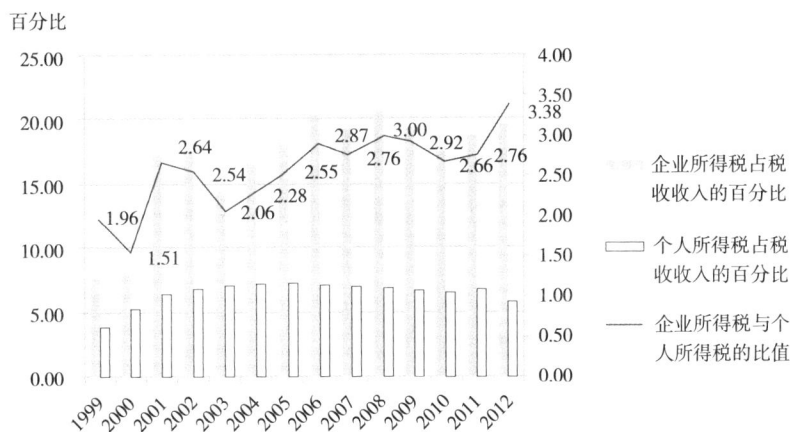

图 1-2 我国主要税种所占比例（单位：亿元）

1.2 国内外研究现状

关于如何提高个人所得税在税制结构中的比重，中外学者进行了长期的研究和讨论，其研究的重点有很多，本书仅就以下几个方面进行归纳和总结，方便学者今后展开研究工作。

1.2.1 国内研究现状

20 世纪 80 年代，我国明确了个人所得税在税收体系中的地位——作为间接税的一种补充，开始在全国范围内征收个人所得税。作为直接税的一种，个人所得税设立之初并未广泛引起学术界的普遍关注。随着改革开放的深入和市场经济的不断发展，居民收入普遍提高，个人所得税增加财政收入的作用逐步被学者们注意，学术界和政府相关部门开始重视个人所得税在整个税收体系中的地位和作用。目前国内研究个人所得税的着眼点方方面面，众多专家和学者从不同的角度阐述自己的观点，笔者在整理了国内文献的基础上，仅就个人所得税费用扣除标准和个人所得税税率进行了梳理。

（一）个人所得税费用扣除标准的国内研究现状

个人所得税费用扣除标准作为个人所得税税收制度中的重要影响因素之一，因之与人民生活直接挂钩，纳税人对其反应最为敏感，逐步成为专家和学者研究和争论的焦点。按照国际惯例，个人所得税费用扣除标准一般分为两部分，即基本扣除和标准扣除，基本扣除按照通俗的说法即个人所得税免征额，标准扣除即除了免征额以外的其他扣除。在我国，由于税收制度相对不健全，所以我们这里所说的费用扣除标准即个人所得税免征额，也可以称之为宽免额。

国内学者关于个人所得税费用扣除标准的争论和研究主要围绕以下几点展开：第一，个人所得税费用扣除标准是否应该提高；第二，个人所得税费用扣除标准应该如何制定；第三，个人所得税费用扣除标准是否应该全国按照统一的标准执行；第四，个人所得税费用扣除项目是否应该进行改进和调整。首先，关于我国个人所得税费用扣除标准是否应该提高的问题，一些学者认为，在我国现阶段，个人所得税作为一种大众税，交纳个人所得税是每一个公民应尽的责任和义务。在美国，个人所得税是每一个美国公民都应该缴纳的税款。所以应尽可能地扩大缴纳个人所得税的纳税人规模。为了达到这个目的，个人所得税的费用扣除标准不应过高，过高的个人所得税费用扣除标准会减少国家财政收入。刘汉屏（2005）通过国际比较认为，我国个人所得税收入占财政收入的比例很小，个人所得税增加政府财政收入的职能没有得到充分的发挥，现行的个人所得税费用扣除标准无须调高。郭剑川、刘黎明（2009）采用灰色系统估算方法，通过估算我国城镇就业人口数量和工薪阶层收入，提出个人所得税费用扣除标准由 1 600 元提高到 2 000 元使我国当年财政收入减少263亿元[①]。国家财政收入的减少势必会对公共基础设施建设和社会福利建设造成影响，在一定程度上影响了广大居民的生活质量。而且，个人所得费用扣除标准如果定得过高，会弱化公民的纳税意识和国家主人翁意识，不利于大众对国家财政支出的监管。一些学者还通过数学方法，测算得出我国现阶段个人所得税费用扣除标准符合我国的基本国情。孙天柱（2014）把储蓄和住房指标考虑进去，测算出目前的个人所得税费用扣除标准是符合经济发展现状的[②]。个人所得税费用扣除标准应该保证居民的基本生活不受影响，满足其最低生活需求。因此，马福军（2010）认为，个人所得税费用扣除标准不应定得过高，应该按照能够满足居民最低消费支出的标准确定。徐建国、李波（2009）认为个人所得税的两大职能不是并行的，而是有偏有重的，增加财政收入是主要职能，调节收入是辅助职能，要发挥调节收入分配的职能，就必须保证财政收入职能的优先发挥，所以个人所得税费用扣除标准不能无限制地提高。

相反，一些研究者认为，个人所得税在国家财政收入中所占比重较少，根据国家统计部门的数据显示，2012年，个人所得税占税收收入比重仅为7%左右，因调高个人所得税费用扣除标准而减少的税收收入不会对国家财政造成较大影响。而且，个人所得税占财政收入比例过小的原因并不是因为个人所得税费用扣除标准定得过高，而是各方面原因综合的结果。学者们认为，现阶段，个人所得税首要的作用应当是调节收入分配，进一步缩小贫富差距。但是，一些学者通过数学建模计算，认为个人所得税费用扣除标准的高低并不能直接导致居民收入差距的形成。林瑾、李龙梅、秦翰翔（2013）以海南省城镇居民可支配收入的差距为因变量，以个人所得税收入为自变量，建立以个人所得税费用扣除标准为调整虚拟变量的多元回归模型，测算出个人所得税费用扣除标准与居民可支配收入之间不存在显著关系，所以依靠提高费用扣除标准缩小收入差距的方法不具备现实意义。但反对者如安福仁、沈向民（2011）整理了南京市2005—2010年的数据，运用K指数，建立对应的数学模型，计算得出个人所得税费用扣除标准的提高在一定程度上降低了中低收入阶层纳税人的税收负担。同时，个人所得税累进性水平随着

①　郭剑川，刘黎明.个人所得税免征额调整的财政影响估算［J］.统计教育，2009（8）：18-22.

②　孙天柱.调节贫富差距目标下个人所得税免征额的确定［J］.现代营销（学苑版），2011（8）：244-245.

费用扣除标准的提高不断提高，从而对缩小居民之间的贫富差距起到了一定的作用。

笔者认为，个人所得税费用扣除标准的具体数字的高低并不是实现其税收职能的关键因素。保证增加财政收入职能和调节收入分配的职能不受影响，关键是要根据客观经济情况的变化进行调整，"一刀切"或者固定模式的个人所得税费用扣除标准早已不适合市场经济发展的要求，研究者的关注点不应仅仅停留在标准的高低上，应该着眼于采用什么样的计算方式使个人所得税费用扣除标准的制定更加科学合理，更能实现国家财政收入最大化和居民可支配收入最大化之间的平衡。

在个人所得税费用扣除标准制定的问题上，学者们普遍认为按照税收指数化①方法确定具体数值是比较合理、科学的。但是在采用何种计算方法、采用何种指标作为判断标准的问题上，学者们各持己见。现今国际上关于指数化的模式主要有三种，见表1-3。从表中可以看出，我国是世界上为数不多的个人所得税费用扣除标准没有采用指数化的国家。由此可知，扣除标准指数化在我国具有广阔的应用空间。但究竟应该采用何种方法，众多学者各持己见。笔者在阅读文献的基础上，对这些方法进行了整理和归纳。目前，关于费用扣除标准指数化的调整方式主要两种，见表1-4所示。美国主要采用的是自动调节的方式。每年，美国国会都会根据当年的通货膨胀情况调整个人所得税的免征额，具体调整公式为

$$当前个人所得税免征额 = \left(1+\frac{当期物价水平-基期物价水平}{基期物价水平}\right) \times 基期个人所得税免征额$$

表1-3 个人所得税费用扣除标准指数化模式

调整模式分类	具体内容	代表国家
未调整模式	仅按照税收源扣缴的原则，没有或者很少进行税收指数化调整	代表国家：中国。中国个人所得税税收占总体税收比重很小，很少运用个人所得税进行宏观调控，在具体征收过程中不考虑通货膨胀等经济因素对税收的影响

---

① 税收指数化是指在通货膨胀、支出水平以及工资福利随经济发展而变动的情况下，对税收制度的某些要素进行相应的调整，以避免名义减除标准或税率级次爬升。

调整模式分类	具体内容	代表国家
部分调整模式	在具体的税务操作过程中对个人所得税免征额进行相对简单的指数化调整	代表国家或地域：美国、英国、法国、荷兰、卢森堡、瑞士、中国台湾、西班牙、巴西、阿根廷。美国：依据 1981 年的《经济复兴法》，从 1985 年开始对个人所得税的级距档次、个人宽免额、扣除标准，按照通货膨胀率实行部分指数化调整，从 1992 年开始，个人所得税的个人扣除实行指数化，具体方法是以 1992 年的个人扣除额为基准，以今后每年的 CPI 超过 1992 年的百分比为增加量，二者乘积为当年需要增加的可抵扣额。英国：从 1982 年开始，按前一年度政府公布的零售物价指数自动调节主要免税项目的数额。法国：从 1968 年开始，如果上一年度的通货膨胀率超过 5%，政府则对税率和税收级次进行调整。荷兰在每年年初时会根据 CPI 指数对个人所得税的免征额进行调整；瑞士规定如果消费者物价指数积累量大于最后的指数化调整量的 7% 则进行再次调整。中国台湾只有当通货膨胀率提高 10% 时才对个人所得税税率级距进行指数化调整。自 2005 年 1 月 1 日起，西班牙政府部门按 2% 的增幅对其税率级距和起征点进行指数化调整
完全调整模式	指在实践过程中运用指数化对税法中大部分名义变量（税率级距、抵免额、免征额、费用扣除标准）都进行相应的调整	代表国家：加拿大。加拿大从 1974 年开始根据截止到上一年度 9 月份的前 12 个月的平均消费物价指数自动调整个人所得税中的税收减免项目和税收级次，实行税收指数化。1988 年加拿大规定，如果通货膨胀率超过 3% 就实行税收指数化。指数化主要包括税率级次、个人基本扣除额、已婚夫妇税收减免额、与年龄有关的减免额、与残疾有关的减免额以及与抚养未成年儿童有关的减免额等

表1-4　个人所得税费用扣除标准指数化调整方式

调整方式	具体做法	优点	缺点
自动调节	具体是指将个人所得税的某一方面或多个方面同预先编制的指数挂钩，使个人所得税随通货膨胀自动调整。自动调节既可以通过对税率结构和税负减免措施实行指数化，也可以通过对税基的调整实现指数化	不存在时滞问题，一旦发生通货膨胀，个人所得税能很快得到自动调整；可以在较大程度上抵消通货膨胀对个人所得税造成的扭曲效应	自动调整措施相对复杂，对行政管理的要求比较高
非自动调节	通过运用"选择性"措施进行调整，当通货膨胀的情况比较严重时，对居民个人实行各种形式的补贴，对包括在各项工作合同中的"生活费用指数"进行不定期调整	灵活性较强，没有时间限制；具体措施相对简便，行政管理简单易行	由于政府需要对该形式进行审视，因而时滞问题比较严重，而且，这种时滞问题的影响可能还比较大，抵消通货膨胀影响的能力较弱

国内有一些学者比较支持美国的调整手段，秦爽（2010）认为，美国的个人所得税费用扣除标准的设计使得纳税人较少受到通货膨胀的影响，该种调整手段能够比较真实地反映经济波动的情况。当物价上升时，人们的工资也相应地有所增长，但增长的幅度不可能赶上或超过物价上升的幅度，工资的增长会使得纳税人进入较高的纳税层次，进而人们的可支配收入减少，实际购买力下降，人们的生活就受到了一定的影响。有些学者认为，由于国情和经济发展状况、文化传统的差异，完全照搬国外的模式可能不适合我国的情况，甚至会产生相反的作用。因此，在费用扣除标准指数化问题上应该根据我国的国情设计合理的计算模式。例如，汤贡亮、陈守中（2005）的研究基于以下假设：如果现行的个人所得税费用扣除标准是合理的，在此基础上利用计量方法，分析了全国以及广东省、深圳市、北京市城镇居民人均消费支出数据，利用该数据和每一位劳动者负担的人口数测算出2005年个人所得税费用扣除标准应该为1 500元。黄洪、严红梅（2009）在上述研究的基础上，用定基物价指数替换掉城镇居民人均消费支出指数，利用线性协整回归模型进行分析，认为个人所得税费用扣除标准应当逐年调整，调整幅度为每年增加70～80元[①]。郭剑川（2010）把我国居民收入按照高、中、低进行划分，测算定基物价指数变动对这三类收入人群费用扣除标准的影响，运

---

① 黄洪，严红梅. 个人所得税工资、薪金所得费用扣除标准的实证研究 [J]. 税制改革，2009（3）：49-52.

用回归分析，建立定基物价与扣除标准变动的数学模型，得出个人所得税费用扣除标准随定基物价变动而变动，我国税务部门应该根据定基物价指数的变动调整个人所得税费用扣除标准。钟馨（2006）利用计量经济学中的最小二乘法建立人均消费支出随时间变化的线性方程，根据该方程预测出 2006—2010 年我国城镇人口人均消费支出额，在此基础上假设 1994 年国家制定的扣除标准具有一定的合理性。以此为基础，成功预测出我国 2006—2010 年个人所得税费用扣除标准的具体数值。陈平路、陈波涛、徐正云（2009）以当年个人所得税费用扣除标准为基数，假定某年的通货膨胀率为 π，推算税收指数为 $1+\pi$，居民工薪收入为 w，同时结合个人所得税税率表，计算个人应纳税所得额会随费用扣除标准指数化的调整产生变化。根据他们的研究结果，我们可以看出，费用扣除标准指数化以后，个人的税收负担有所减轻，有利于人民生活水平的提高。同时，为了更好地发挥个人所得税"内在稳定器"的作用，在费用扣除标准指数化基础上，应当根据客观经济情况对指数化进行逆经济风向的修正。具体应为：以长期平均通货膨胀为修正值，每年确定扣除标准时，用当年的税收指数与确定的修正值进行比较，以此为基础确定当期的扣除标准[1]。

笔者认为以上几种测算方法存在一个明显的问题，就是这些学者均假设当年的个人所得税费用扣除标准是合理的，并在此基础上进行测算，这样的测算方法必然会产生一定的现实误差。因为他们并未对当年个人所得税费用扣除标准的合理性进行论证和检验，只是单纯地假设其存在是合理的，这样的计算方法不符合经济学要求。为了剔除影响计算结果的因素，黄洪、严红梅根据 CPI 指数的变化调整了个人所得税费用扣除标准：当 CPI 上变化一个百分点时，个人所得税免征额变动 0.71 个百分点[2]。焦建国、刘辉（2011）设定了根据 CPI 计算个人所得税免征额的具体计算公式：

个人所得税费用扣除标准

$$=\frac{平均每位就业者负担的人数 \times 人均消费支出+附加扣除}{CPI}\div 100$$

---

[1] 陈平路，陈波涛，徐正云. 我国个人所得税工薪所得项目的指数方法研究 [J]. 财会月刊，2009，23（519）：42-43.

[2] 黄洪，严红梅. 个人所得税工资、薪金所得费用扣除标准的实证研究 [J]. 税制改革，2009（3）：49-52.

个人所得税费用扣除标准

=（平均每位就业者负担的人数×人均月消费支出+附加扣除）

×(1+通货膨胀率)

但是，一些学者认为根据 CPI 调整个人所得税费用扣除标准有一定的局限性。例如，高亚军（2013）认为，用 CPI 决定费用扣除标准具有一定的时滞性，无法真正、全面地反映经济发展对人民生活的影响，因此可以考虑用 PPI 预测 CPI，进而计算个人所得税费用扣除标准的具体数值。他利用计量分析得出，PPI 环比上涨 1 个百分点，CPI 预计上涨 0.37 个百分点[①]。薛文谦（2006）则根据个人所得税的两大职能，分阶段设计出了个人所得税免征额的确定模型，即 $M = \dfrac{X-Y}{1-s} d^t \sqrt{d_s d_j}$，其中，$M$ 为个人所得税费用扣除标准；X 为社会收入水平；Y 为社会最低生活保障；s 为恩格尔系数；t 为基尼系数；d 为国家对费用扣除标准的调整系数；i, $j=1$，2。d 的数值根据个人所得税需要承担的主要职能而定，当个人所得税增加财政收入职能为主要职能时，d 的取值为 1；当个人所得税的调节收入分配职能为主要职能时，d 的取值为 1.5。考虑到我国高、中、低收入差距比较大的客观事实，为了平衡各阶层的收入差距，在设计个人所得税费用扣除标准时应加入不同收入阶层的收入水平对所得税费用扣除标准的影响系数。假设我国高、中、低收入分别用 x_1，x_2，x_3 表示，h_1，h_2，h_3 表示各阶层收入人数占人口总数百分比，则个人所得税免征额计算公式为 $M = \sum \dfrac{x_t - Y}{1-s} h_t e^t \sqrt{d_{ij} d_{tj}}$。陈建东、浦明（2010）以四川、安徽两地城镇居民人均收入为样本，分析我国城镇居民人均收入分布情况，按照城镇居民人均收入分布情况确定个人所得税费用扣除标准。采用城镇居民人均收入指标确定个人所得税费用扣除标准具有一定的合理性，个人所得税主要是收入课税，但是仅仅用一个指标作为判断标准存在较大的片面性，没有考虑经济变动对人们收入的影响。因此，洪飑、宋良荣（2012）对该方法进行了一系列改进，构建了城镇居民人均消费支出、人均可支配收入、定基居民消费价格指数之间的时间序列关系，采用 ADF 检验、协整检验的方式确定了几个变量之间的长期均衡关系，分析各个指标的经济合理性，综合几个指标预测未来年度的个人所得税费用扣除标准。该方法较为全面地考虑了经济变动对居民生活的影响，在一定时期具有相当的指导意义。

---

① 高亚军. 和谐社会视角下我国个人所得税费用扣除标准的社会合意性研究 [J]. 宏观经济研究，2013（10）：79-86.

为了更为精确地反映经济变动对居民生活的影响，进而确定个人所得税费用扣除标准。陈辰（2014）采用 ELES 模型，在原有八大类生活消费品划分的基础上加入了个人赡养支出，运用数学方法测算出天津个人所得税费用扣除标准的最终结果，对我们确定全国标准具有很好的指导意义。但少数学者，如代金涛、宋小宁（2009）认为，我国现阶段个人所得税标准符合税收设定原则，通过对我国通货膨胀和 CPI 指数的结构分析认为，由于我国 CPI 指数包含项目与世界各国存在较大差异，现阶段不适宜进行个人所得税费用扣除标准指数化改革[①]。笔者认为，个人所得税费用扣除标准应该根据经济形势的变化而变化，固有模式已经与经济发展水平严重脱节。但在确定采用何种指标进行指数化测算时，在借鉴他国的基础上，应充分考虑我国的实际情况，没有理论和实践支撑的过高或过低的个人所得税费用扣除标准都不利于社会主义市场经济建设。

学术界很多学者认为，目前我国"一刀切"的个人所得税费用扣除标准早已与经济发展形势背道而驰。持该种观点的学者认为，个人所得税应当充分发挥其调节收入分配的职能，最大可能地致力于缩小贫富差距。鉴于此，个人所得税费用扣除标准应当分地区划分。目前，我国各地区经济发展极其不平衡，东部和沿海地区经济发展较快，西部和中部地区由于地理位置和历史的原因发展较为缓慢。如果全国按照统一的标准制定个人所得税费用扣除标准，那么，会使经济发展落后地区的纳税人手中的可支配收入减少，实际购买力相较经济发达地区有所下降，将会在一定程度上进一步拉大地区间的收入差距。江妍（2009）认为所谓分地区划分并不是各个地区自主决定标准的高低，而是在税法统一制定标准的基础上，给予地方一定的自主权，设定较为合理的浮动空间，各地区对照标准进行适当的选择。黄洪、严红梅（2009）更是给出了具体的浮动区间，他们认为，30% 的浮动区间比较适合我国现阶段的基本国情。高丽伟、杨延波（2008）推算出了按照地区制定个人所得税免征额标准的具体公式，即

$$扣除标准 = 人均工资 × 必要的生活开支比例 × 负担比例 × 调节系数$$

$$负担比例 = \frac{总人口 - 失业人口 - 60岁以上由养老保险负担的人口}{适龄工作人员 - 失业人口}$$

---

① 代金涛，宋小宁. 工薪所得税免征额及其指数化调整研究 [J]. 税务与经济，2009（5）：90-94.

其中的调节系数建议按照高收入阶层所占比例计算。他们在文章中按照统计数字计算得出：中等收入以下阶层占总人口的60%，所以应对占40%的中高层收入人群以及高收入阶层征收个人所得税，调节系数为1.2（1/50%×60%）[1]。苏洁（2012）通过计算给出了分地区划分的精确数字，她认为，北上广的费用扣除标准应该为5 500～6 500元。持反对观点的学者认为，个人所得税费用扣除标准按地区划分不仅会导致国家税款流失，还会造成人才地区之间流动混乱，另外，还会给税收征缴带来巨大的麻烦。马福军（2010）认为全国统一标准的个人所得税制度相对合理，无须按照东、中、西部划分，设定存在差异的个人所得税费用扣除标准。但陆娴（2006）通过对比江苏和深圳两地区收入和个人所得税缴纳情况认为，个人所得税分地区制定费用扣除标准并不影响人才流动[2]。笔者认为，为了体现税收公平和效率的双重原则，所得税可以按照地区以及城镇、农村划分。国际经验告诉我们，分地区划分更能体现税收效率和公平的双重原则，更能实现税收制度的帕累托最优原则。

在我国个人所得税费用扣除项目上，众多学者表达出了一致的观点，即认为我国目前个人所得税费用扣除标准所包含的项目缺少现实意义，如家庭教育开支、家庭赡养开支、家庭住房开支等项目均未考虑进来。王向明[3]（2008）、白结林[4]（2009）、谢雅欢[5]（2012）认为个人所得税费用扣除项目应该考虑加入与居民日常生活息息相关的项目，而不应仅考虑消费支出。

（二）个人所得税税率问题

在个人所得税制度结构中，税率是除个人所得税费用扣除标准外，另

---

[1] 高丽伟，杨延波. 我国个人所得税费用扣除标准可否实行地区差别扣除[J]. 科技信息，2009

[2] 陆娴. 所得税费用扣除标准地区差异存在的合理性[J]. 财会研究，2006（11）：18-19.

[3] 王向明. 关于我国个人所得税费用扣除标准的探讨[J]. 辽宁教育行政学院学报，2008，25（12）：95-96.

[4] 白结林. 关于现阶段个人所得税费用扣除标准问题的思考[J]. 南方论坛，2009（2）：19-21.

[5] 谢雅欢. 基于居民"生计费用"视角的个税免征额调整设想——以浙江省杭州市为例[J]. 商业现代化，2012（12）：45-47.

一个从直接影响纳税人税收负担的因素。税率设置的合理与否不仅直接影响纳税人的日常生活，而且在一定程度上决定了一国政府制定的政策目标是否能够顺利实现。目前，国际上流行的个人所得税税率形式主要有以下三种：超额累进制税率、比例税率以及超额累进制税率和比例税率相结合的形式。具体选择何种形式的税率，需要根据各国国情和税收制度改革进行程度酌情选择。一般情况下，税率形式的选择与税收的征收方式联系最为紧密。通常认为，如果一个国家的个人所得税采用综合征收方式，在税率形式选择上会倾向于选择超额累进制的税率形式。多数西方国家采用的是综合所得税课税模式，因此，在税率形式的选择上就会以传统的超额累进制税率为主。如果个人所得税采用分类征收方式，则倾向于选择比例税率形式。

我国的情况则比较特殊，我国是世界上选择分类征收税收制度的典范，但在税率设置上，为了克服比例税率的先天弊端，我们选取了比例税率和超额累进税率相结合的税率形式，分类课征的部分采用比例税率，综合课征的部分则采用超额累进税率。

关于我国个人所得税税率的研究分析结果，众多学者仁者见仁、智者见智，观点各不相同。梁芬（2003）认为我国现行的个人所得税税率形式存在较多问题，她认为我国现行个人所得税的边际税率较高，而且各级之间存在较大差异。边际税率较大差异的存在不仅使税收公平原则的实现存在障碍，而且在一定程度上损害了税收的刚性原则[1]。该观点是国内众多学者在研究个人所得税税率制度时得出的统一的认知。鉴于此，国内学者展开了关于设置我国最优税率级次和级距的相关研究。王剑锋（2004）利用数学和统计学相结合的方法，在一系列严格意义的假设前提下，推导出 2001 年我国职工工薪收入分布情况，认为我国现行个人所得税税率设置是导致高收入阶层收入没有完全纳入个人所得税征收范围的原因之一。占全国职工工资收入仅为 0.025% 的高收入纳税者对应的所得税税率是 20% 或以上[2]，也就是说，我国现行的个人所得税七级税率中，仅有 3% ~ 20% 的税率级次发挥了作用，20% 以上的税率级次几乎或者完全没有发挥其应有的调节作用，可以说是形同虚设。这在一定程度上弱化了个人所得税对收入分配的调节作用。随后，刘怡、聂海峰（2005）通过分析广东省 2002 年 1251 户家庭的收入分布情况

---

[1]　梁芬. 中外个人所得税税率结构比较与借鉴 [J]. 税务研究，2003（3）：71-74.

[2]　王剑锋. 个人所得税超额累进税率结构有效性的一个验证——以对我国职工工薪所得数据的模拟为基础 [J]. 当代财经，2004（3）：31-32，43.

认为，当前个人所得税税率级距较多，再加上费用扣除标准多年不变，或者即使变动也没有随物价变化及时调整，使得个人所得税的税收负担较多地落在了中等工薪收入阶层，不利于缩小收入差距。有的学者在前人研究的基础上，对研究方法进行了相应的改进，设计出理论上较为理想的税率结构。例如，王宪瑞、万伟平、蒋军民（2005）以深圳市2001—2003年工薪收入为样本数据，以正态分布函数为基础，采用回归分析方法，计算出理论上较为理想的所得税税率标准，具体见表1-5[①]。

表1-5 各级税率年收入限制

年收入限制（元）	税率（%）
0-10	10
10万以上～40万	14
40万以上～60万	18
60万以上～80万	22.5
80万以上	30～60

陈建东（2014）通过对我国2011年城镇家庭就业者收入分布进行分析，认为，将我国个人所得税的初始税率调低至2%，最高税率调低至25%最为合理[②]。袁玲（2013）对于按照收入阶层划分的个人所得税边际税率和平均税率，认为，我国当前的个人所得税税率对较高收入阶层的影响较弱，对较低收入阶层的影响较强，中等以下收入阶层随着收入的逐步增加，其税收负担的增长速度明显快于高收入阶层。

但有些学者认为，个人所得税的税收负担应该由中等收入阶层来承受，低收入阶层由于收入限制，不仅不能成为税赋承担者，而且还应该成为国家的援助对象，在税收政策上给予一定的优惠，而高收入阶层人数由于所占比例较小，如果其成为纳税主体可能会导致国家税收的减少，不利于政府

---

① 王宪瑞，万伟平，蒋军民. 新税制模式下个人所得税税率的实证研究和个案设计 [J]. 涉外税务，2005（3）：34-38.

② 陈建东. 个人所得税税率及级次设定探讨——基于收入分布函数的视角 [J]. 税务研究，2014（3）：34-40.

经济建设的开展，所以中等收入阶层应当成为个人所得税的纳税主体。刘丽（2011）通过对比 OECD 国家和发展中国家的税收制度，认为，在个人所得税费用扣除标准保持不变的前提下，只有通过提高初始税率的收入标准限制，使中等收入阶层成为纳税主体方可达到税收调节收入分配的目的[①]。但陈红国（2013）认为，我国目前的最低税率已经低到极限，不具备调整的空间，最高税率处于世界中等水平，但是我国现阶段的个人所得税级距相对过密，这导致了个人所得税累进程度过大，这样的税率结构设置会加重中等以下纳税人的税收负担，导致各个收入群体之间收入失衡[②]。

关于借鉴国外经验对我国个人所得税税率进行改革的意见，国内有些学者比较赞同。例如，周显志、范敦强（2007）认为可以借鉴美国"累进消失"的税率制度。陈红国（2013）认为个人所得税级距设置不合理也是导致各阶层税收负担失衡的主要原因之一，我国现行个人所得税高税率所得额之间的差距较大，这使得税率累进性作用对较低收入的影响较为明显，对较高收入的影响则不明显，建议将我国现行的 7 级累进税率改为 5 级累进税率，对高收入阶层主张采用美国的"累进消失"的税率结构，当纳税人收入达到一定数额时，则按照税法规定的最高边际税率就其全部收入征收个人所得税。

有些学者认为，各国国情存在差异，进而在税收制度设计上也存在差异，他国的成功经验可能不太适合我国的具体国情。张进昌（2003）认为，美国的"累进消失"税率结构存在制度设计上无法克服的弊病，在我国经济形势发展的大环境下，这种税率制度模式不具备较强的实际意义[③]。徐连海（2008）通过拉弗曲线分析了个人所得税税率降低对劳动者和企业等微观主体以及对宏观主体的影响，认为鉴于经济发展模式和所处阶段的不同，个人所得税税率设置不能完全照搬他国经验，应该结合本国经济发展模式和路径，设计合理的税率级距和边际税率。

个人所得税税收制度中，税率和费用扣除标准共同决定了其职能发挥的有效程度。因此，考虑个人所得税税率设置问题时，如果能把费用扣除标

① 刘丽. 我国个人所得税累进税率结构设计探讨 [J]. 税务研究，2011（3）：44-46.

② 陈红国. 中国个人所得税税率制度的演进路径 [J]. 衡阳师范学院学报，2013,34（2）：53-63.

③ 张进昌. 美英俄个人所得税税率结构比较与启示 [J]. 税务研究，2003（10）：75-80.

准与税率设置巧妙地结合起来，就能使个人所得税的职能最大限度地发挥出来。陈玉琢、吴兵（2002）认为，费用扣除标准的高低对税率的累进性会产生一定的影响。所以，提高费用扣除标准可以降低低收入阶层的税收负担。初始税率的高低会随着费用扣除标准的高低影响纳税人的可支配收入[①]。

　　另外，国内学者在研究如何合理设置个人所得税税率时，还参考了西方国家关于最优所得税的相关理论，旨在通过对最优所得税的理论研究，总结提炼出符合我国国情的个人所得税税率设置方法。郭庆旺（1995）通过对西方国家关于最优所得税理论发展的介绍，根据凯赛尔模型推导出分段累进的个人所得税税率设置可以使社会福利相应提高，更有利于收入分配公平的实现。平新乔（2000）在他的文章中详细介绍了效率、公平和信息对称视角下的最优所得税模型。王国灿、李志斌、唐韵娣（2001）在改进原来假设条件的基础上，对最优所得税模型进行了详细的介绍。同时，为了克服最优所得税模型在具体计算上的实现问题，对原有模型进行了改良，降低了数据收集整理的复杂程度，提出了具体的计算方法，但文中并未涉及具体的计算结果，仅停留在理论介绍的层面。郝春红（2006）详细介绍了斯特恩的最优所得税模型和米尔里斯的最优非线性所得税理论，并运用斯特恩的最优所得税模型推导出各个国家在不同假设条件下理论上的最高边际税率。但她提出在实际应用中，应根据各国经济情况选择合适的最高边际税率。我国的最高边际税率如果按照36.6%～38.32%计算，则为最优边际税率[②]。王首元、孔淑红（2013）在比例效用理论的支撑下，通过分析在一种公共物品的情况下，使消费者效用最大化的个人所得税最优模型，扩展到多种公共物品消费模式，最终确定了最高边际税率的最优标准。

　　综上所述，国内关于最优所得税的研究大多停留在理论层面，即便推导出了最优个人所得税税率的具体模型和计算方法以及计算步骤，但因为客观原因均未能最终确定个人所得税税率的具体税率和级距。本书试图在前人研究的基础上，考虑数据的可得性和准确性因素，计算出最优的个人所得税税率。

---

① 　陈玉琢，吴兵. 论个人所得税税率的累进性 [J]. 现代经济探讨，2002（12）：46-49.

② 　郝春红. 效率与公平兼顾的最优所得税：理论框架及最优税率 [J]. 当代财经，2006（2）：51-56.

1.2.2 国外研究现状

（一）个人所得税费用扣除标准的国外研究现状

国外关于个人所得税费用扣除标准的研究主要基于费用扣除标准的基本原则展开。根据个人所得税费用扣除标准的理论依据，费用扣除标准应当首先保证人们的基本生活水平。Pechman（1987）认为免征额、扣减额与标准扣除额共同组成了最低纳税标准，如果个人的收入所得低于此标准，则无须缴纳个人所得税；英国学者约翰米勒、德国学者瓦格纳也主张扣除基本生活费用后再对剩余所得进行征税。

进行个人所得税费用扣除标准设置时，还要充分考虑人们用以实现最低收入所花费的必要支出。实现收入的成本主要包括个人在获取所得前所必需的生活开支，如食品支出、衣着支出、上班所需的交通费用、使用交通费用需要支付的燃油费用等，还有为方便工作支付的房屋租金，为照顾孩子支付的保姆费用，以及孩子的教育支出和他们的服装费用支出等。Chirelstein（1979）认为个人所得税针对净所得纳税，个人赚取所得的成本支出理应在税前扣除，而与赚取所得无关的成本则不应当在税前扣除，但税法规定的可以在税前扣除的项目除外。Due（1977）认为工薪阶层为了获得收入所必须支出的费用属于为获取所得所支付的必要费用，可以在税前扣除。但是，无论是在理论上还是在实践当中，要完全将成本和消费支出划分清晰都很困难，因此，他赞成实行定额扣除。

量能课税原则是通过法律手段反映出来的个人所得税理论依据，充分体现了宪法的公平原则，它指的是税收制度设置既要实现财政功能，也要满足其调节手段的需要。当纳税人遭受重大意外损失时，为了减轻纳税人的税收负担，应将其损失由当年年度的应税所得中减除。Smith（1961）认为，对重大损失扣除的设立是基于正确衡量纳税能力的观点，因为它并非取得所得的必要成本，而是出于对社会生活存在的一般风险的考虑，基于正确衡量所得的观点，这可以看作政府为了减轻纳税人负担而实行的税收优惠措施。Due（1977）认为，灾害损失是负所得项目，理应从正所得项目中扣除。Garden（1989）提到，准许意外损失扣除列入税前扣除项目，是因为没有获得保险赔偿部分的损失会降低纳税人个人纳税能力，如果不予扣除，则无法正确衡量纳税人税负能力[①]。该理论主要体现为医疗、灾害损失的扣减规定。

Taussing（1967）和 Smith（1961）认为，基于政策鼓励目的允许在所得中进行税前扣减，可代替较大的政府直接支出，是很有必要的。但是，也有一些学者反对该观点，认为这种税前扣除额的存在是与税收的量能原则相悖的，容易造成纳税人之间的不公平。为了避免这种不公平现象的出现，在设计该项扣除额时，一般应在数量上规定上限。

（二）个人所得税税率的国外研究现状

个人所得税出现之初主要是为了增加政府财政收入以缓解军费压力，所以最初的个人所得税税率的设置既没有相应的经济学模型，也不符合数学推理的逻辑，仅仅是国家和政府部门根据国家对军费的需求情况设定。直到 1897 年，Edgeworth 受功利主义者的影响，在追求绝对公平理念的大环境下，给出了最早的关于如何设计个人所得税税率的理论，即实现社会福利最大化的最优所得税模型。但是该模型存在一些致命的弱点，如绝对公平的税收制度使得高收入阶层不愿意通过努力去获得更高的收入，导致闲暇对劳动的替代效应过大。为了弥补该模型自身存在的缺点，经济学家进行了模型的优化研究。Vickrey（1946）在不断优化前人关于个人所得税最优设计的研究基础上，首次提出把效率问题引入研究范畴，认为个人所得税最优税率设置应该既可以满足社会福利最大化，也可以实现消费者效用最大化。Mirrless（1971）继承了他的观点，并通过逻辑推导得出个人所得税税率的结构应该符合"倒 U 形"的轨迹，也就是说，税收负担应该较多地由中等收入阶层负担。为了防止社会效用的损失，高收入阶层应当同低收入阶层一样，享受低税率。这种税率设计既能满足低收入阶层的生活需要，又能激励高收入阶层增加收入，同时，因为对中等收入阶层征收较高税收，还能满足政府财政收入，可谓一箭三雕。

随着研究的不断深入，学者们开始产生较大的分歧：以 Mirrless 为代表的经济学家，他们认为在现实中，个人所得税是非线性的。在此基础上 Sadaka（1976）、Seade（1977）提出了最高收入阶层的最优边际税率可以为零的结论。Mead Committee（1978）立足于经济现实，认为低收入阶层应该按照低税率征收个人所得税，高收入阶层则应该按照高税率征收个人所

---

① SGarden, Wayland D（1989），Government Finance, State, and Local[J]，New York，294-296。

得税。零税率的设计主要针对的是最高收入阶层和最低收入阶层。Diamond（1998）根据个人掌握技能的水平高低，拟合了纳税人的收入分布情况，提出了"正 U 形"的个人所得税税率设置，认为高收入阶层应该按照较高税率征收个人所得税。Dahan（2000）在原来的模型中引入了新的变量，即把收入效应函数引入到最优所得税模型中来，认为不同经济发展时期，高收入阶层的最优所得税税率既可以调减，也可以调增，具体做法应该结合具体经济发展阶段进行。Saez（2001）假设劳动供给弹性保持不变，以美国数据为研究对象，模拟出所得税的税率变化趋势。Tuomala（2006）通过 Champernowne 分布特征，认为即便是劳动供给弹性不断变动，个人所得税税率依旧保持"正 U 形"的特征。

20 世纪 80 年代，国际上开始了一轮研究最优所得税的热潮，该时期研究的重点为通过借助经济增长模型设定最优所得税模型，进而把最优所得税模型应用于实践。学者们结合经济增长模型分析最优所得税模型主要分为以下三种路径：第一，假设消费者既没有本质上的区别，也没有生命上的限制。该类路径分析的假设前提为市场是完全竞争的市场，生产规模和报酬不变，强调弱化税收对效率的影响；消费者的生命无限，在此基础上经济可以达到稳态发展状态；效用函数可分期叠加。Judd（1985）、Kemp 以及 van Long、Shimomura（1994）在上述假设的基础上进行了改进，认为市场上存在两类消费者，他们分别拥有劳动和资本。他们认为税收是再分配的工具，并不具备给公共消费品提供资金的能力。Judd 最终得出的结论为：当经济处于稳态时，最优所得税税率为零。究其原因主要是长期以来，所得税压低了工资。因此长期以来，资本所得税没有获得收益，并且劳动者承担了其长期负担。随后 Kemp 以及 van Long、Shimomura 在 Judd 研究的基础上，运用微分对策的方法，使用反馈 Stackellberg 解的概念，推导出正所得税税率。Chamley（1996）假定政府支出方式为外生变量，再次得到了最优所得税为零的结论。根据 Lucas（1999）的估计，取消资本所得税预计可增加 35% 的资本存量，增加 7% 的消费。这再次证明了最优所得税为零的结论。Coleman 和 John（2000）采用内生增长模型作为分析工具，得出的结论为当政府对劳动收入进行补贴时，最优所得税为一个税率为常数的消费税。如果不允许政府对劳动收入进行补贴，此时的最优所得税就变成对资本收入进行补贴。Chen、Lai（2014）借鉴了 Chamley 的模型，假设税收制度为累进税收，得到的结论为最优所得税的平均税率逐级递增。

第二种路径为假设消费者之间存在较大差别，同时仍然假定生产规模和报酬不变。Krusell、Quadrini、Rios-Rull（1996）使用数值方法分析内生税收的动态经济，按照资本禀赋和生产率的差异，他们将个体分为两类，最终得出最优资本所得税不为零的结论。Floden（2006）假定消费者偏好相同，但是在劳动生产率不同的情况下，即便所有人都认为长期取消所得税是应该的，但是关于如何取消却无法达成协议。帕累托改进确实存在，但是最终的改革效用是受限制的。

第三种路径为假设消费者为迭代生命周期，此时市场为完全竞争市场，生产规模和报酬不变，消费者在年龄、技能、偏好方面各有其自身特点。Diamond（1973）分析了一般迭代模型中的最优所得税问题。Ordover 和 Phelps（1979）使用简化了的迭代模型，认为对高收入者征税的边际劳动税率为零；如果每个消费者的效用函数是根据时间发生变化的，假设闲暇可以分离出来，那么资本所得税为零。Atkinson、Sandmo（1980）研究了最优线性所得税，最终的结论为：如果要求每代的一次性税收使得修正的黄金率规则成立，那么就不存在扭曲税收效用；如果不存在一次转移，并且效用函数是可加、可分的，且为对数函数，那么稳态服从正态分布的黄金率规则，稳态的资本所得税为零；如果上述假设不成立，那么稳态时，对资本征收或者补贴都是有可能的。Park（1991）使用与 Atkinson 相同的分析结构，但是假设消费者偏好不同，认为最优资本所得税为零。但是如果消费者的偏好和时间禀赋都异质，最优所得税可能为零，可能为正，也可能为负。Renstrom（2000）在三种承诺假设的前提下，认为最优所得税根据承诺假设的不同存在一定的差异。

在上述研究的基础上，学者们还提出了新最优所得税模型，即按照劳动者技能禀赋拟合劳动供给分布曲线或者弹性应纳税所得额分布曲线，并按照该模型的数学公式推导出最优的边际税率。Feldstein（1999）认为弹性应纳税所得额比劳动供给曲线更能反映最优所得税设计问题。Saez（2001）分析得出，当补偿弹性为 0.25 时，美国个人所得税的最高边际税率为 81%，当府补偿弹性为 0.5 时，个人所得税最高边际税率为 69%。Gruber、Saez（2002）使用弹性应纳税所得额系数估算出每一税率对应的收入限制。Iwamoto、Hamaaki（2008）通过分析日本 1997 年到 2008 年的收入数据得出，当总收入足够大时，最高个人所得税边际税率会有所变动。Kitamura 和 Miyazaki（2010）认为当边际社会福利为零时，个人所得税最高边际税率为 60%，当边际社会福利为 0.25 时，最高边际税率为 55%。Shigeki Kunieda（2012）利用非线性所得税模型，假设帕累托分布系数为 2.1，同时假设边际应纳税所得额为 0.015~0.28，得出目前日本的最高边际个人所得税税率较低，为了实现所得税制度的最优化，可以考虑调高日本高收入阶层的个人所得税税率。

以 Sheshinski 和 Stern 为代表的学者认为个人所得税税率变化是符合线性条件的。他们假设边际税率恒定不变，分析最优所得税制度对个人福利的影响。但是边际税率恒定的假设过于严格，得到的结果与实际情况偏差较大。于是，Slemrod、Yizhaki（1991）将边际税率规定为两个，得出最优的个人所得税税率制度倾向于选择累进税制。Creedy（2009）在理论研究的基础上推导出了符合数学逻辑的模型，但是由于算法较为复杂，并未在实际中真正采用。

最优所得税理论在实践中的价值极小，使得较多学者产生怀疑，这些学者认为最优所得税理论没有考虑到完全信息和行政问题，只注重计算过程，而忽视了决定过程，计算得出的最优解仅具备数学意义，在现实中应用较差。对于发展中国家来说，最优所得税缺乏实现环境的问题更为突出。Slemrod（1990）、Bugess 和 Stern（1993）指出最优所得税理论假设国家具备完善的税收制度，显而易见，这在发展中国家并不能完全实现。发展中国家本身存在的税收管理制度不健全、经济不规范、税收管理水平低下等问题使得按照最优所得税制度设计出的标准更难执行。Tanzi（1992）指出，实现最优所得税所需要的经济、政治条件，发展中国家很难达到。Tait（1989）指出，在发展中国家中，经济发展失衡的存在，使得最优所得税制度的实用价值大大降低。

由此可见，最优所得税制度实现本身价值需要有配套的经济体制、政治体制及政府执行力度等，任何一个因素的缺失都会使制度作用的发挥产生偏差。所以，我国需要经济体制改革、政治体制改革和税收体制改革等一系列改革同步进行。

1.3 研究方法和研究意义以及创新和不足

1.3.1 研究方法

（1）理论研究与实证研究相结合，在搜集整理大量数据和国外成功经验的基础上，选择合适的分析模型，提出相应的模型假设。

（2）比较分析。选择世界上个人所得税制度比较完善的国家进行分析比较，如美国、英国等，并结合我国的具体国情，借鉴其中具有参考价值的关于税收制度设计方案。

（3）模型分析。借鉴前人研究成果，以已有模型为研究基础，根据我国现实经济情况进行模型假设，得出最终的计算结果。

（4）预测分析。采用不同预测方法，对文中指标进行"十四五"发展预测，阐述个人所得税费用扣除标准变化和税率变化对个人所得税总收入、财政收入的影响，以及对经济安全的影响。

1.3.2　研究意义

首先，由各国宏观经济发展状况比较可知，我国个人所得税在财政收入和 GDP 中的占比与发达国家，甚至一些发展中国家相比，明显偏低，进而为我国的个人所得税制度改革提供了较大的空间。

其次，我国经济的快速发展，居民收入的不断增加，客观上造成了经济利益在不同群体之间收益的重新调整和分配的不公，以及社会收入分层的加剧。为了缓和这种社会矛盾，应当充分发挥个人所得税的收入调节作用，同时，不能忽视其增加政府财政收入的职能，应当用宏观、发展的眼光进行个人所得税制度的改革。

再次，个人所得税改革是经济全球化的必然趋势，是实现国内、国外和谐发展的有效手段。随着世界经济全球化进程的加快，要想拥有较高的国际社会地位，宏观经济的发展状况具有相当的决定意义，行之有效的税收制度改革对我国宏观经济发展具有较大的推动力。

最后，劳动力是宏观经济发展必不可少的生产要素之一，个人所得税制度的调整最贴近生活，科学、合理的制度设置可以调动广大劳动者的劳动热情，对一国宏观经济的发展有益而无害。

1.3.3　本书创新之处

（1）理论研究与实证研究相结合，对比个人所得税制度健全国家和部分发展中国家的费用扣除标准，根据贫困线决定个人所得税费用扣除标准。在此基础上，预测"十四五"期间，我国个人所得税费用扣除标准的变化发展趋势。

（2）在根据贫困线标准制定费用扣除标准时，通过对比美国、英国历年贫困线与费用扣除标准之间的比例关系，采取取中间值的方法，计算我国费用扣除标准。

（3）个人所得税税率设置采取横向国别比较和纵向历史比较相结合的手段，从税率级次、税收级距、边际税率等方面分别比较，对比各国对上述问题的调整过程，结合我国国情确定最终的个人所得税税率结构。

（4）采用生长曲线法、确定型常参数法、ES 预测三种方法，预测"十四五"期间个人所得税总量变动区间。在此基础上，当费用扣除标准和税率、级距变动时，预测个人所得税总量变动和个人所得税在财政收入中占比的变动。

（5）借助现有指标体系，分析个人所得税通过对财政收入的影响，进而对国家经济安全的影响。在此基础上，预测分析，费用扣除标准和税率变动对经济安全的影响。

（6）借助图形处理分析工具，采用拟合曲线的方法拟合个人所得税和增值税在税收收入占比中的关系，分析二者变动对税收收入总量的影响。

1.3.4　本书不足之处

第一，由于我国城乡结构复杂，城乡之间宏观经济发展状况差异较大，本书的分析仅考虑城镇居民，暂不考虑农村居民。

第二，由于数据的可得性和统一性，书中的相关数据更新至 2019 年，j 截止稿件完成时，书中关于 2020 年的数据均根据 2020 年前三季度的数据推算得出。

第三，书中所涉及的模型，在具体计算时，剔除了绝大多数的不确定因素，假设较为严格，可能与实际情况存在一定的偏差，但并不影响最终结果。

第2章 宏观经济视角下个人所得税的地位和作用分析

本文立足于宏观经济视角，以个人所得税的纳税原则为切入点，通过分析个人所得税对经济要素、经济增长、经济稳定、社会公平和国家经济安全等方面的影响分析，多方位、多角度地阐述了个人所得税对宏观经济的影响。其中对纳税原则的分析主要通过研究个人所得税的公平和效率原则在宏观经济运行中的重要作用展开；对经济要素的分析主要通过研究个人所得税对居民劳动积极性、消费和储蓄等方面的影响展开；对经济安全的分析主要通过研究个人所得税对财政收入的影响，进而对经济安全的影响展开。

2.1 个人所得税的纳税原则

2.1.1 公平原则

2.1.1.1 税收公平观点的发展历程

仅在社会科学范畴内，公平的概念就很宽泛，各个学科根据自身的特点赋予了"公平"不同的解释，本文仅从经济学角度并结合所得税的内涵分析"公平"的含义。亚当·斯密在《国富论》中最早阐述了税收的公平原则，该公平原则被我们称为税收公平收益说（以下简称"收益说"）。收益说后来，经过维克赛尔、林达尔、马斯格雷夫等多位学者的不断深入研究，逐渐形成了比较完善的体系。收益说学者认为，既然纳税人缴纳了足够的税款，承受了以牺牲纳税人的收入为代价而造成的损失，那么国家就有义务在某一特定时期以某一特定的方式使纳税人获得可以弥补这种损失的好处。个人在缴纳税款时，应该从社会活动中获得收益的多少作为评判标准，多得多缴，少得少缴。按照该理论，相同收益的个人应该负担相等的税负。相较于穷人来说，富人享受到的国家保护较多，所以应当缴纳更多的税款。维克赛尔～林达尔模型可以很清楚地说明收益说的理论基础，如图 2-1 所示。

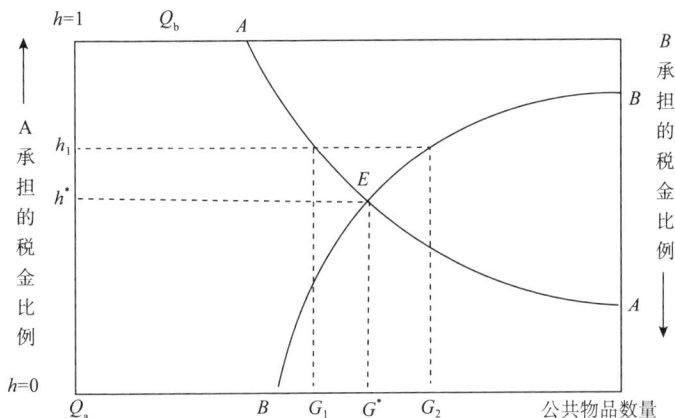

图 2-1　维克赛尔－林达尔模型

　　该模型假设社会上只存在 A、B 两个人，他们二人共同消费同一种公共物品。A、B 二人都准确地知道自己和对方从消费该种公共物品中得到的效益。图 2-1 可以看作 A、B 二人各自消费公共产品应负担的成本，也就是我们通常意义上说的税收。纵坐标表示 A 和 B 负担的公共产品的成本比例，横坐标表示公共产品的数量，其中 A 的行为用以 Q_a 为坐标原点的坐标系来表示，B 的行为用以 Q_b 为坐标原点的坐标系表示，两个坐标整理在一个坐标系中就构成了图 2-1 的长方形。其中，AA、BB 分别表示两个消费者公共物品数量和税收负担的各种不同组合，E 点为均衡点，在此点处，二人愿意承担的税收负担相加为 1，此时，公共产品处于均衡状态。假设公共产品的数量发生变动，如减少一定的单位，A 和 B 愿意承担的税收比例之和将会大于 1，此时表明 A、B 得自公共产品的收益之和大于所纳税款之和。在这种情况下，理性的经济人会加大对公共产品的消费直至点 E 为止。该理论的分析是建立在所得分配最优的假设之上的，是一种最原始的理论分析，前提的假设条件极为苛刻，仅可能在极小范围内实现该种均衡，而且通过该理论无法从数据上直观地看出国家提供给纳税人收益的具体数值。

　　为了弥补上述理论的不足，亚当·斯密随后又提出了税负能力负担说。

随后，穆勒在亚当·斯密研究的基础上，完善了关于税收能力负担的相关理论，在原来收益说的基础上，把牺牲理论与收益说有机结合起来，后经庇古、西蒙斯等众多经济学家的不断修正，最终形成了今天的负担能力说理论。按照西方学者的划分，税收负担说主要有主观和客观两种观点。主观方面的观点即为牺牲说，以穆勒为代表的经济学家认为，纳税人所缴纳税款可以被看作由于效用减少而带来的损失。当通过主观评价得出所有纳税人的这种由于效用减少而带来的损失都相等时，只要平衡长期存在，就达到了税收的公平。随着效用论在西方经济学中的兴起，均等牺牲说被萨克斯、A.J.科恩·斯图亚特、艾奇沃思、庇古等分解为绝对均等牺牲 [①]、比例均等牺牲 [②]、边际均等牺牲（也称为最小总牺牲）[③] 三种学说。

均等牺牲说的代表人物穆勒认为，社会上每个人因为缴纳税款而导致的效用总量的减少应该是相同的，获取的收入越多，缴纳的税款就应该越多。相反，获取的收入越少，缴纳的税款就应该越少。比例均等牺牲论的代表人物以斯图亚特为首，他们认为个人因缴纳税款而带来的效用损失总量占原所得效用总量的比例应该是均等的，原所得较多的人，缴纳税款以后的所得依然较高。相反，原所得较低者，缴纳税款以后的所得依然较低。边际牺牲或最小牺牲论的代表人物是艾奇沃思和庇古，他们把社会福利经济学很好地融合到税收理论当中，他们提出所得越多的人，缴纳的税款就越多，所得越少的人缴纳的税款就越少，最公平的社会是在所得完全均等化时才能实现。

上述主观方面的税收负担说主要包括以下三个假设前提：第一，假设所得的边际效用是递减的；第二，个人的所得效用函数是一样的，通过这个相同的效用函数，人们的效用是可以计量和比较的；第三，税收负担能力的大小是通过公平的比较来实现，同时，个人的所得是检验税收负担能力的指标。但在现实中，这些假设很难实现的，甚至出现相悖于该理论的现象，再加上该理论是建立在唯心主义观点的基础之上的，无法通过计算得出准确的效用数值，所以理论界认为该理论在实践中没有应用的价值。随后，以塞利格曼为代表的收益说学者站在唯物主义的角度，提出了税收负担能力的客观说理论。客观说理论认为，按照所得额征税最能体现税收负担的公平原则，

---

① 所谓绝对均等牺牲即纳税人因纳税而失去的总效应相等。

② 比例均等牺牲即纳税人因纳税而成失去的总效用量与纳税前全部收入的总效用量之比人人相等。

③ 边际均等牺牲说即纳税人缴纳最后一单位收税而失去的效用量人人相等。

收入水平处于一个阶层的人负担的税收也应当处于同一个阶层。个人所得税由于其税基的广泛性和税率的累进性，使得该税种不仅从横向上，而且从纵向上促进了社会公平。

在西方经济学学说史上，关于个人所得税的公平之说还有一种观点，即我们通常所说的机会说。机会说的观点认为，纳税人如果获得收益的机会多，就应当多缴纳税款，如果获得收益的机会较少，就应当少缴纳税款。而纳税人获利机会的多少是由纳税人的自身禀赋决定的，主要包括人力资源、财力资源以及自然资源。持该种观点的学者们认为，按照纳税人自身禀赋的差异纳税，不仅符合公平纳税的原则，还有利于资源的合理配置。

机会学理论符合经济学的一般原则。按照商品经济的一般原理，等量资本应该获得等量利润，所以就应当负担等量税收。但是，从税收的价值实体这一性质角度来看，税收应当在价值创造之后征收，按照机会说的观点则是在价值形成之前征收，这种形式其实是一种税收前置行为，在一定程度上会造成税负与价值创造之间脱节。所以，机会说在实践中可能并不符合公平原则，再加上在具体实施过程中还会遇到很多执行困难，该种学说在经济学发展史上仅是昙花一现。

2.1.1.2 税收公平的内涵

税收公平主要包括税收的负担公平、经济公平和社会公平。首先来看税收的负担公平。西方经济学发展早期，经济学家在研究税收公平问题时，首先考虑的就是税收的税负公平问题。在当时以自由竞争为主的经济环境下，国家应尽可能减少税收给国民带来的负担差异。此时，税收公平问题首先着眼于调整税收负担与纳税人自身经济情况之间的关系，其目的要使二者之间相对平衡。税收负担公平理论主要来自收益说，可以从以下两个方面进行阐述：第一，纳税条件相同的纳税人应当缴纳相同的税款，即反对政府无视纳税人的实际情况，而盲目采用均摊的方式征收税款；第二，从整个社会来看，纳税人缴纳的税款总额应该等于纳税人获得的因使用税款带来的福利的增加总额，也就是说政府无权随意使用纳税人缴纳的税款，需要使用纳税人缴纳的税款时，应当在纳税人的监督下使用，以保证纳税人缴纳的税款用在有利于国家经济发展、造福全体社会成员方面。税负公平理论的实现依赖公平竞争的社会经济环境，财富的分配是均等的，整个社会的差异只存在于由于个体劳动者的自然禀赋的不同导致的劳动成果的不同。但在现实生活中，由于垄断的存在，各个经济主体占有的生产资料等存在差异，由此必然导致收入存在差异，从而出现贫富分化。由于税负公平所依赖的经济环境条件无法满足，现实生活中很难实现税负的完全公平。

按照最初的税负公平理论，拥有相同数量的财富应当缴纳相同数量的税款，但现实是两笔相同数量的收入无论从性质上，还是从取得的难易程度上看都可能存在较大差异，在此条件下，单独考虑税负公平比较狭隘。为了完善税收公平理论，学者们提出了更高层次的公平，即经济公平和社会公平。

税收经济公平的实现主要依赖税收机制建立公平的经济环境。在市场经济条件下，所谓的公平的市场环境是指平等的市场竞争环境，或者说市场中所有人的机会都是相等的。此时，税收政策不影响公平的市场环境，保持中性。相反，如果不存在公平的市场环境，此时，税收政策要在能力许可范围内，帮助市场建立公平的环境，重新分配社会资源。按照机会平等理论的观点，由劳动者自身禀赋的差异形成的经济利益上的差异是合理的，由垄断、特权等因素带来的经济利益的差异是不合理的。要实现机会均等，就要求我们尽可能排除历史、偶然等随机因素的影响。也就是说，用来衡量机会均等的是劳动和对社会的贡献，而非其他因素。税收要想实现均等化的目的，必须按照机会相同、收益相同的原则，通过税收的调节功能，调节由非自身禀赋因素带来的不平等。

税收的社会公平是指通过补偿的手段使得自身禀赋较低的人缩小与自身禀赋较高的人的差距。税收的社会公平应该与经济公平紧密联系在一起，绝对的社会公平必然导致社会效率低下，只有社会公平和经济公平联系起来才能使税收保持中性。在不同的历史时期，税收的社会公平呈现出不同的角度。在社会主义市场经济环境下，税收的公平主要侧重于利用税收机制保证正常的经济秩序，实现社会主义市场经济有序发展的目标，实现以最小的代价获得最大的社会稳定和经济发展，贯彻机会均等和按劳分配原则。承认合理范围内的收入差距的存在，打击不合理范围内的收入差距，这既是保持社会主义市场经济的要求，也是促进国家经济发展的需要。

2.1.2 效率原则

2.1.2.1 税收效率

我们通常意义上讲的税收效率是指以尽可能小的税收成本得到尽可能大的税收收益。早在我国古代，思想家们就对税收效率有所涉猎，他们从税收与经济的关系和税收应有一定的纳税原则这两个方面阐述税收效率。首先来看税收与经济的关系。我国古代思想家主张经济发展和增加政府财政收入应并行不悖，合理的税收模式应该以增加财政收入为主，调节经济为辅。丘俊认为理财最关键的是要得生财之道。魏源认为理财首先需要培养好的税源基础。上述核心思想都认为要在发展经济的基础上保证财政收入的合理增长，财政和税收应该相辅相成，缺一不可。只有生产发展，人民生活水平提高了，国家的财政收入才能保证。相反，如果缺少国家财政的支持，人民生活水平的提高也就成了一句空话。

其次，古代思想家认为税收必须在一定的规则下实施。古代思想家认为如果税收按照统一的规则执行，那么就可以在一定程度上抵消税收对经济发展的消极影响。西晋的傅玄提出"至平""积检而趣公""有常"三条税收原则。"有常"即要求税收制度具备相应的制度规定，这样不仅可以减小税收的任意性，还可以减少征税官吏在征税过程中滥用职权的可能性。杨炎的两税法把原来的租庸调、地税、护税和青苗钱等税收进行综合，按照春夏两季进行征税。两税法减少了纳税项目，简化了纳税手续，对纳税时间和纳税方式都做了明确的规定，方便纳税人缴纳税款，同时也为政府提高征收管理水平创造了有利条件。

西方关于税收效率的思想比较成熟，主要分为以下几个阶段：第一阶段为自由经济时期的税收效率原则，其代表人物是亚当·斯密。亚当·斯密在他的著作《国富论》中阐述了实现税收效率的三大原则，即确定原则[1]、便

---

① 　确定原则：公民应缴纳的税收，必须是明确规定的不得随意变更，如纳税日期、纳税方法、缴纳数额等，都应当让所有的纳税人及其他人了解清楚明白，否则纳税人将不免受税吏权力的任意左右。这一原则是为了杜绝征税人的任意专断征税，加重税收负担，以及恐吓、勒索等行为制定的。斯密认为税收不确定比税收不公平对人民的危害更为严重。

利原则[①]和经济原则[②]。亚当·斯密的税收思想形成于自由竞争的市场环境，落脚点是国民财富的不断增长，他主张国家尽可能少地干预经济活动。人们在市场中的活动是充分自由的，所以人们的税收负担应当最低限度地减少，税收政策决策者应该尽可能保持中性，所获得的税收收入应仅提供国家必要的财政收入，尽量避免给纳税人带来额外的纳税负担。另外，执行税收政策产生的管理费用和执行费用应尽可能减少，使纳税人除缴纳税款外支付的费用最小化。

第二阶段为福利经济学时期的税收效率原则，其代表人物为庇古。庇古主张最优的资源配置使国民收入最大化。他提出了"边际纯私人产品"[③]和"边际纯社会产品"[④]两个概念。庇古认为，在自由竞争和"经济人"假设的市场环境的作用下，边际私人产品和边际纯社会产品最终是趋于相同的，在此情况下，社会资源配置会达到最优，此时，国民收入总量或者说社会经济福利总量将实现最大化。但在现实社会中，往往会出现不一致的情况，所以，庇古主张，当一个经济单位的边际纯私人产品比边际纯社会产品高时，政府应提高税收，使得边际纯私人产品和边际纯社会产品之间的差距缩小；相反，如果边际纯私人产品比边际纯社会产品低，政府就应当采取补贴的形式缩小差距，只有根据现实的经济情况进行相应的调整，才能实现社会经济福利的最大化。所以，要使税收有效率，要两个方面一起抓：一方面要保证征收费用最小化，另一方面要保证社会福利最大化。如果仅满足单方面的条件，那么税收是缺乏效率的。

---

① 便利原则：纳税日期和纳税方法应该给纳税人以最大的方便，如纳税时期，应该规定在纳税人收入丰裕的时期；征收方法应力求简便易行；征收地点应该设立在交通便利的场所；征收形式应该尽量采取货币征收，以避免因运输事务增加纳税人的负担等。

② 经济原则：最少征收费用的原则。在征税时要尽量节约征收费用，使纳税人付出的尽可能等于国家所收入的。这一原则是针对当时税收制度致使征收费用过高的弊端提出的。一是税吏过多，不仅耗去相当一部分税收作为税吏的薪俸，而且在正税以外，苛索人民，增加负担；二是税收妨碍人民的勤劳和产业的经营，减少或破坏了可供纳税的基金；三是不适当的税收可能成为逃税的诱因，严惩逃税，又将引起倾家荡产，违反了一般的正义原则；四是税吏的频繁访问和检查，这些虽然不会给纳税人带来金钱上的损失，但将会给纳税人带来不必要的烦忧。

③ 边际纯私人产品是指企业每增加一个单位生产要素所增加的纯产品。

④ 边际纯社会产品是指社会每增加一个单位生产要素所增加的纯产品。

第三阶段是以经济均衡为主导的凯恩斯经济学派时期。此时，资本主义市场进入垄断时期，凯恩斯学派认为自由的市场竞争无法克服市场失灵问题，无法达到充分就业的市场均衡。为了实现总供给和总需求之间的平衡，政府应当干预市场的运行，采用有效的宏观经济调控手段，如税收，调整投资和消费，以实现经济的一般均衡。在这样的经济背景下，凯恩斯学派衡量税收效率的标准就放在了现行的税收政策能否实现宏观经济的均衡或者是否对宏观经济的均衡起到积极的调节作用上。凯恩斯学派强调税收的需求效应，认为可以通过税收和其他经济手段的结合实现宏观经济的稳定增长。他们提出了需求管理的纳税模式，认为所得税自身的自动调节功能可以自动稳定经济：当经济处于衰退时期时，人们的收入减少，相应地，需要缴纳的税款就会减少，使得消费和投资增加，总需求曲线向右移动；反之，当经济处于繁荣时期时，人们的收入增加，此时，缴纳的税款增多，投资和消费就会在一定程度上减少，此时，总需求曲线向左移动。

第四阶段是资本主义经济的"滞胀"时期。20世纪中后期，主要资本主义国家处于经济"滞胀"时期，凯斯恩学派的理论学说无法解释经济现象，供给学派、新古典学派等学派不断崛起，纷纷提出各自关于税收效率的新观点。这些观点在政府是否应当干预经济运行的立场上是一致的，相关学者认为，国家应适当干预经济运行，强调重视宏观经济与市场机制的有效结合，同时，必须保持税收中性的特点来实现经济效率的提高。尽管关于减税的力度，众多学者的观点各有差异，但是认为税收应当保持中性的观点始终是这一时期西方经济学界统一的认知。

由上述所得税效率的发展历程可以看出，随着市场环境的不断变化，西方学者把税收效率与帕累托最优原则进行了很好地结合，认为最优的税收效率应当是可以实现帕累托效率的，也就是说最优的税收效率应该以最小的税收成本获得最大的税收经济效益。我们所说的通常意义上的税收成本由两部分组成：一部分是纳税人的正常税收负担；另一部分是纳税人的超额负担，纳税人的超额负担是指在征缴税款过程中，征税过程本身对纳税人经济决策的干扰，使纳税人的选择偏离了效率的轨道，或者由于政府没有充分掌握微观信息，制定出来的税收政策无法真实反映客观情况，没有起到调节经济的正面作用。

2.1.2.2　个人所得税与效率

个人所得税作为直接税的一种，在整个税制结构中具有战略性意义，从多个侧面影响税收效率的发挥。个人所得税的两大职能决定了其对效率的影响，研究个人所得税与效率主要从以下三个方面着手：规模效率、经济效率和行政效率。

首先，个人所得税的规模效率是指在一定的时间内，一个国家或地区实际征收到的个人所得税税款与这个国家和地区客观存在的个人所得税税收规模限量之间的比例。在不同的经济发展阶段，一个国家和地区所能征收的个人所得税税款总量是恒定不变的（这里不考虑偷税漏税、征收管理漏洞等对个人所得税收入总额的影响）。拉弗曲线可以很好地解释个人所得税的规模效率，如图2-2所示。图2-2中横坐标表示个人所得税的规模效率，纵坐标表示个人所得税税率。当个人所得税税率为0时，个人所得税的税收规模也为0；当个人所得税税率提高到B点时，税收规模扩大到最大值，即D点，所对应的E点即为客观存在的个人所得税税收规模的限量，当个人所得税税率继续增长时，税收规模开始缩小，直至税率增长到A点时，税收规模为0。在BC区间，税收的规模效率递增，在AB区间，税收的规模效率递减。从以上分析可以看出，个人所得税税率最低和最高边际税率的设置应当充分考虑规模效率问题，过低和过高的税率对个人所得税的税收效率都会产生一定的阻碍。

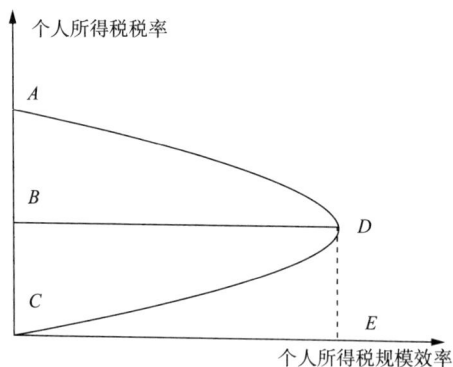

图2-2　个人所得税的规模效率

其次，个人所得税的经济效率主要是通过研究该税种的超额负担来说明的。衡量税收经济效率的尺度为税收的额外负担，我们用供给曲线和需求曲线来说明问题，如图2-3所示。在图2-3中，横坐标表示商品的产量，纵坐标表示商品的价格，水平的S_0曲线表示没有征税以前商品的供给曲线，向

右下方倾斜的 D 曲线为该商品的需求曲线。在没有征税以前，水平的供给曲线和向右下方倾斜的需求曲线相交于 E 点，此时，供给与需求相等时的均衡价格为 P_0，对应的均衡产量为 Q_0，矩形区域 OQ_0EP_0 为产品市场均衡时厂商的总收入。当政府征收个人所得税时，商品供给曲线从原来的 S_0 变动为 S_1，新的供给曲线与需求曲线 D 相交于 E'，则三角形区域 ECE' 为加征个人所得税以后消费者的额外税收负担，个人所得的额超负担实际上是个人所得税对经济存在负面影响的体现。但是，个人所得税同时还会对经济产生正面影响，所以要求我们在研究个人所得税的经济效率时从正反两面看问题，全方位把握。当资源使用产生的机会成本过高时，税收会造成资源配置的无效率性。此时，政府应当适时干预市场经济的运行，调高经济效率；相反，当资源使用产生的机会成本较低时，就可以充分发挥市场的自身调节作用。所以，西方国家学者普遍支持税收中性原则。但是，对于发展中国家而言，情况就略有不同，相较于西方发达国家完善的税收制度，发展中国家的税收制度或多或少都存在明显的制度缺陷，所以完善税制要放在首位，在不断完善税收制度的基础上，有意识地运用税收改善经济和社会环境，提高税收的经济效率。我国正处于社会主义市场经济探索时期，在个人所得税制度的设计上，不仅要将超额负担减少到最小，而且，在尽量保持税收中性的同时，应当根据各个产业的特点给予不同的税收优惠政策。

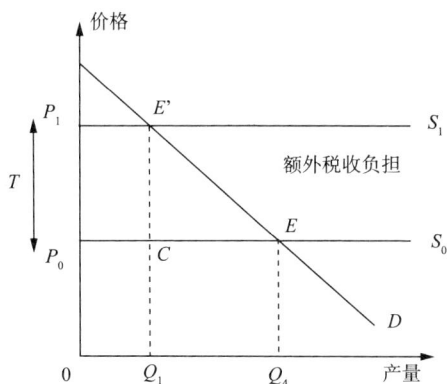

图 2-3　个人所得税的额外负担

2.1.3　公平与效率均衡原则

从前文的分析可以看出，税收的公平和效率之间存在着错综复杂的关系，公平中体现效率，效率中隐含公平，公平发展到一定程度要实现效率，效率发挥作用要以公平为前提，二者之间既互相促进，又相互制约。

首先，效率是公平的基础。如果一国的税制结构阻碍了该国经济的发展，对该国的经济增长造成了负面的影响，尽管此时的税制结构很好地体现了公平的原则，但因缺乏效率，也是没有现实意义的。因为，税收作为调节收入分配、缩小贫富差距的有效工具之一，是以保证人们手里有足够丰裕的物质财富为前提的，失去了效率的公平就像无本之木，对整个社会起不到任何调配作用。因此，真正的公平是融合了效率的公平。

其次，公平是效率的必要条件。尽管效率是实现公平的物质基础，但无法体现公平的税制结构也是缺乏效率的税制结构。税制结构公平的缺失会在相当大的程度上挫伤劳动者的劳动积极性，甚至在一定程度上还会激化社会和阶级矛盾，最终可能导致劳动力退出劳动市场，造成整个生产链条缺乏活力和动力，那么效率也就无从谈起了。因此，真正有效率的税收必然是可以体现公平的税收，而且这个公平还应当是惠及大众的公平，是整个社会的公平。

但是，税收的效率和公平的统一并不是绝对的，而是相对的。就某一具体税种而言，这两个方面往往是相互矛盾的。所以，我们分析税收的效率和公平原则必须从整体上把握，仅就一个税种而言，可能会偏重效率或者偏重公平，或者一个税种在某个时期，偏重效率或者偏重公平。但一个国家的税制结构是由多个税种集合而成的，通过各个税种之间的相互补充，理论上是可以形成公平与效率兼顾的税制结构的。因此，不同国家和地区在税制结构建设和税收制度改革目标的总体设计上，都会根据客观情况的变化对税收的公平和效率进行适当的取舍，以期协调好二者之间的关系。

单就个人所得税制度而言，同样存在着效率和公平之间的矛盾和冲突。具有累进性质的个人所得税税率有利于调整各阶层收入之间的差异，最大限度地实现公平的目的，但是，一旦税率累进程度超过了合理的范围，就会弱化效率的实现。部分发达国家的税收制度改革实践已经证实了矛盾的存在。我国正处于建设社会主义市场经济的过渡时期，市场机制建设相对不完善，资源在整个经济体系中的分配还缺少效率，再加上各阶层收入矛盾不断激化，这些客观情况的存在均对个人所得税公平和效率之间的协调提出了更高的要求。所以，在今后的税收制度改革中，我们应当兼顾效率和公平，同时强调税收的中性原则，确保在实践中使个人所得税的职能得到最大的发挥。

2.2　个人所得税对经济要素的影响

2.2.1　个人所得税对个人劳动积极性的影响

在市场经济中，劳动是基本和主要的生产要素之一，劳动供给的变动，不仅会对一个国家或地区的经济增长造成影响，同时，还会引起严重的社会问题。所以研究个人所得税对微观经济的影响首先要从个人所得税对劳动供给的影响开始。

分析个人所得税对劳动供给的影响主要在下述假设条件下完成：第一，假设纳税人对劳动投入量的多少是有自主选择权的，即劳动者个人可以决定其投放到市场上的劳动量，也就是说劳动力市场是完全竞争的；第二，劳动的供给具有完全的弹性，劳动的供给随工资变化较大，其供给曲线是一条向右上方倾斜的曲线；第三，用货币的多少衡量劳动的最终报酬；第四，在计算个人所得税时，计算基础为劳动者的全部收入所得；第五，政府支出对劳动者的劳动投入量不产生影响。根据西方经济学的理论，闲暇为劳动的机会成本，可以用工资进行衡量，开始阶段，劳动的供给随着工资的增加不断增加，但当劳动的供给达到一定量以后，劳动的供给随着工资的增加开始减少。因此，完全意义上的劳动供给曲线为最初向右上方倾斜，到达某一点后，开始向后弯曲，如图2-4所示。图2-4中，横坐标表示劳动供给的时间，纵坐标表示工资水平，当劳动者的工资从W_0增加到W_1时，人们会增加劳动供给，减少闲暇，随着工资的继续上升，从W_1上升到W_2时，人们会增加闲暇，减少劳动的供给。

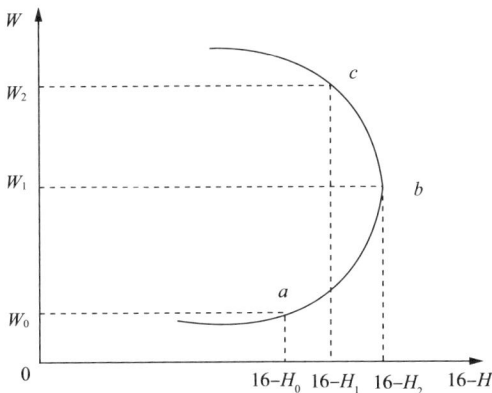

图 2-4　劳动的供给曲线

　　个人所得税对劳动积极性的影响通过收入效应和替代效应表现出来。个人所得税对劳动的收入效应是指当劳动者的收入被课征个人所得税以后，劳动者个人的可支配收入减少，福利水平随之下降，劳动者个人为了维持课税以前的收入水平，就需要增加劳动的供给以弥补缴纳税款带来的个人收益的减少。个人所得税对劳动供给的替代效应是指由于课税使得个人可支配收入减少，劳动的价格相对于闲暇的价格变得较高，人们更愿意享受价格较低的闲暇，此时，减少劳动时间的供给，选择闲暇符合经济学的一般规律。由于劳动供给曲线的特殊性，替代效应和收入效应反映出来的情况也有很大的差别。当劳动的供给处于向右上方倾斜的区域时，劳动的收入效应大于替代效应，此时个人所得税对劳动供给的影响如图2-5所示。在图2-5中，横坐标代表闲暇，纵坐标代表劳动，我们用工资来衡量闲暇，假设纳税人对劳动和闲暇的需求都随收入的增加而增加。纳税人对劳动和闲暇的选择组合可以看作预算约束线AB，AB的斜率代表工资水平。纳税人从劳动和闲暇中都可以获得效用，而且一定数量的劳动和一定数量的闲暇在给纳税人带来的效用上不存在明显差异，所以二者的数量组合可以形成一系列的无差异曲线。预算约束线AB与无差异曲线簇中的一条U_1相切于点E_1，该点所表示的劳动和闲暇的组合使得纳税人的效用达到最大值。当政府开始对纳税人的收入征收个人所得税时，纳税人的可支配收入减少，预算约束线从原来的AB变为CB，表明劳动和闲暇的相对价格发生了变动，此时纳税人为了保持缴纳税款后的可支配收入不变，需要增加劳动时间，减少闲暇，新的预算约束线与另一条无差异曲线U_2相切于点E_2，在此点二者达到均衡。假设政府在征收个人所得税以后会给予一定的货币补偿，这个补偿正好等于所缴纳的税款，在图中即为直线DH，DH与无差异曲线U_1相切于点E_3。从图2-5中可以看出，替代效应使纳税人的选择由点T_1变为T_2，收入效应使纳税人的选择由T_2变为T_3，最终纳税人的总效应为T_2T_3。

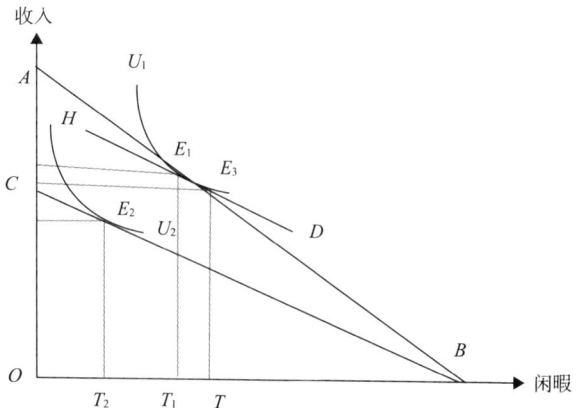

图2-5　个人所得税对劳动供给的影响（收入效应大于替代效用）

当劳动供给的收入效应小于替代效应时，无差异曲线的变动如图 2-6 所示。最终的影响为总替代效用 T_1T_3，此时，纳税人增加闲暇，减少劳动的供给。

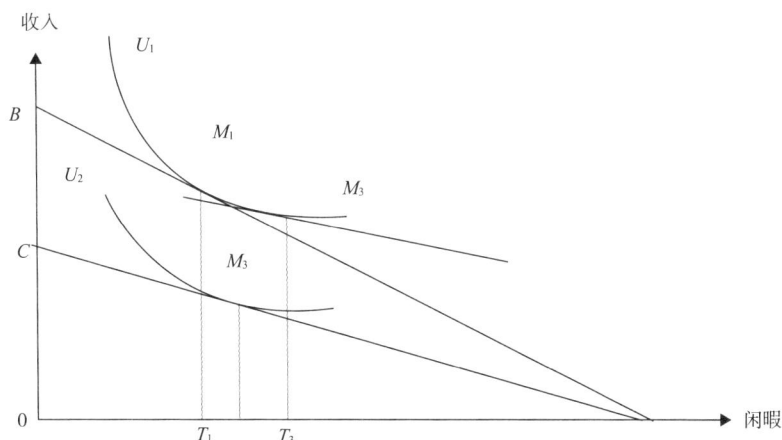

图 2-6　个人所得税对劳动供给的影响（收入效应小于替代效应）

由上面的分析可以看出，当纳税人的劳动可以自由选择时，个人所得税对劳动供给的影响结果取决于劳动供给曲线的形状：当劳动供给曲线向右上方倾斜时，纳税人会减少闲暇，增加劳动的供给；当劳动供给曲线处于向后弯曲的区域时，纳税人会增加闲暇，减少劳动的供给[1]。

2.2.2　个人所得税对居民储蓄的影响

假定个人获得的收入不进行投资，只进行储蓄和消费，那么在个人总收入既定的情况下，他的储蓄和消费是此消彼长的，所以，我们通过研究个人所得税对储蓄的影响即可获知个人所得税对消费的影响。个人所得税影响消费者的可支配收入，进而影响消费者的储蓄行为。个人所得税对上述方面的影响也可以用收入效应和替代效应说明。首先来看收入效应。个人所得税对储蓄产生的收入效应影响是指如果政府对个人征收个人所得税，个人的总

---

[1]　分析个人所得税对劳动供给的影响时，为了便于分析，假设个人所得税的税率为比例税率，当个人所得税的税率为累进税率时，就会发现累进程度越高，个人所得税对劳动供给的替代效应和收入效应的影响就越大

收入就会减少，总收入减少会导致储蓄减少，假设消费者需要保持最初的储蓄率，此时消费者只能在原来储蓄量的基础上增加新的储蓄。个人所得税对储蓄产生的收入效应主要用平均税率水平的高低来衡量，如图2-7所示。图2-7中，纵坐标表示消费者对储蓄的选择，横坐标表示消费者的消费情况。假设消费者的收入水平保持不变，储蓄和消费的预算约束线为AB，储蓄与消费的无差异曲线U_1与AB相交于点M_1，此时，消费者的收入达到最大，所对应的消费和储蓄分别为OC和OT_1。

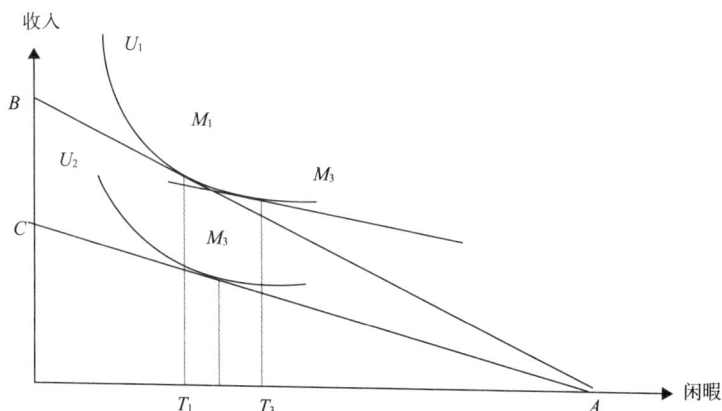

图2-7 个人所得税对储蓄的收入效应

2.2.3 个人所得税对储蓄的替代效应

个人所得税对储蓄的替代效应是指政府征收个人所得税会减少消费者的实际利息收入，弱化了储蓄对消费者的吸引力，此时消费者为了获得更大的效应，会选择用消费替代储蓄。替代效应的大小取决于个人所得税边际税率的高低，如图2-8所示。在图2-8中，政府征收个人所得税以后，消费者减少储蓄使得储蓄和消费的预算约束线移至BC，BC与新的无差异曲线U_2相切与点E_2，该点处，储蓄和消费达到均衡，此时，消费者改变了原来的储蓄习惯。

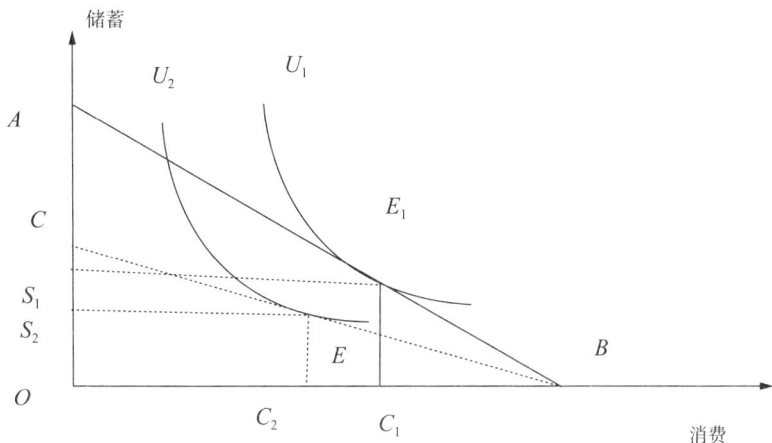

图 2-8　个人所得税对储蓄的替代效应

2.3　个人所得税与经济增长

宏观经济研究离不开对经济增长、经济稳定和社会公平的研究，这三个方面也是国家制定宏观经济政策时需要考虑的主要问题，我们研究个人所得税制度对宏观经济的影响，也就是研究个人所得税制度对这三个方面的影响。

在经济学的学习过程中，我们都知道经济增长速度决定了国家或地区经济发展的情况。在理论界，一般用社会总产出来衡量经济增长情况。因此，我们研究个人所得税与经济增长的关系，实际上就是研究个人所得税与社会总产出的关系，即研究个人所得税与国民生产总值之间的关系。在分析二者之间的关系时，我们首先假定在两部门经济环境下，在该假设条件下国民收入核算的恒等式为 $C+S=C+I$，两边化简可得：$S=I$，其中 S 为储蓄，I 为投资。该恒等式是在不考虑税收对经济影响的情况下推导出的恒等式。假设政府部门通过执行税收职能参与到经济增长中来，此时，影响总供求的因素发生了本质的变化，在分析两部门经济时，个人和企业的收入可以全部转化为可支配收入，进行消费和储蓄，但是考虑了政府部门以后，个人和企业需就获得的收入向政府缴纳税款，剩余部分才可作为可支配收入进行消费和储蓄。政府的征税行为直接导致了个人和企业可支配收入的减少。在三部门经济中，国民收入恒等式为 $C+S+T=C+I$，整理得 $S+T=I+G$，其中 T 为税收（假定仅为所得税），G 为包括转移支付的政府支出总额。我们假定

居民的基本消费为 C_0，可支配收入为 Y_d，边际消费倾向为 b，则

$$C = C_0 + bY_d$$

假设，个人需要缴纳的个人所得税为 T，则总收入减去个人所得税，剩余的才是个人可支配收入，即 $Y_d = Y - T$。

带入 $Y=C+I+G$，得 $Y = C_0 + b(Y-T) + I + G$

整理得 $(1-b)Y = C_0 - bT + I + G$

推导得出：$\dfrac{\Delta Y}{\Delta T} = -\dfrac{b}{1-b}$

上式即为我们通常所说的税收乘数，本部分为个人所得税税收乘数。由上式可以看出个人所得税税收乘数为负值，这也就意味着个人所得税与国民收入之间呈反向关系。当国家所得税收入增加时，个人收入是减少的；相反，当国家所得税收入减少时，个人收入是增加的。

根据哈罗德—多马经济增长理论模型，经济增长的速度取决于储蓄率、资本产出比和国民收入的增长率。用 s 表示储蓄率，用 v 表示资本产出比，用 G 表示国民收入的增长率，其中 s 为储蓄量 S 占国民收入 Y 的比重，V 为资本产量 K 占国民收入 Y 的比重，也称之为资本系数或者投资系数。假设 V 固定不变，

为了实现经济增长，就必须注入新的投资，此时，资本存量的增长率为

$$\frac{\Delta K}{K} = \frac{I}{K}$$

I 表示投资，恒等于产量的增长率，$\dfrac{\Delta Y}{Y}$ 用公式表达即为

$$G = \frac{\Delta Y}{Y} = \frac{I}{K} = \frac{I}{Y} \cdot \frac{Y}{K}$$

要想整个经济社会达到均衡，那么必定有 $S=I$，则

$$G = \frac{S}{Y} \times \frac{Y}{K} = s \times \frac{1}{V} = \frac{s}{V}$$

在 V 保持不变的情况下，经济增长速度由储蓄率决定。发展中国家如果想拥有较高的经济增长速度，可以考虑保持较高的储蓄率。储蓄的主体可以是个人、家庭、企业或者整个国家，个人所得税主要研究的是个人和家庭收入，所以，在本部分分析，我们仅就个人和家庭的储蓄进行说明。家庭储

蓄主要由全部家庭成员的可支配收入决定，根据边际消费倾向递减规律，当个人收入增加时，消费也会随之增加，但消费增加的速度要小于收入增加的速度。因此，收入较高阶层家庭的储蓄率比收入较低阶层家庭的储蓄率高。也就是说收入分配情况影响各个收入阶层的储蓄率。发展中国家的税收政策应当按照收入水平的分布，通过影响储蓄率实现对个人所得税政策的选择。

税收对储蓄所产生的收入效应的大小由多种因素决定，其中税收的累进性起到了决定性作用。一般来讲，累进程度较高的税收比累进程度较低的税收带来的税收负担要大，也就是说，累进程度较低的税收更有利于增加储蓄。就个人所得税而言，它直接调节着家庭可支配收入，个人收入越高，所适用的税率就越高，累进性质的个人所得税会给储蓄带来一定的影响，进而对经济产生一定的阻碍作用，这种表现在以直接税为主的国家尤为明显。但是，发展中国家由于居民收入较低，个人所得税税率使用范围受到了一定的限制，这样的税制模式对高收入阶层十分有利，在一定程度上促进了储蓄的增加，进而促进了经济增长。

2.4　个人所得税与经济稳定

税收的自动稳定器功能是指税收本身所具备的对经济变化较强的适应性功能。税收会随着经济情况的改变而自动增加或者减少，这种自动调节功能影响社会需求的变化，缓和经济波动对一国经济整体的影响。不同税种的自动稳定功能是存在差异性的，个人所得税具有税率累进性的特点，相对于其他税种而言，它的自动稳定功能的效果在现实中表现得更为直观。

世界上大多数国家的个人所得税率一般都使用累进制税率，同时，根据各国现实情况设置各种各样的扣除项目和宽免项目。当经济处于衰退时期时，消费者的收入会因经济的衰退而减少，随着收入的减少，消费者进入较低的税率档次，这可以看作对消费者因为经济衰退造成收入减少而给予的一定经济补偿。由于收入减少的速度相对较缓，消费需求的下降也会趋于缓和，这对于恢复经济建设形式上起到了一定的缓冲作用。相反，当经济处于过快发展时期时，原本不具备纳税条件的消费者可能会因为收入的增加进入个人所得税征收范围之内，或者原本处于较低税级的消费者可能进入较高的税级，税收收入就会有一定程度的提高，而且提高的速度要快于经济的增长速度，这在一定程度上可以缓解高速经济增长带来的通货膨胀对国家经济的影响，有利于经济发展的冷却。我们利用三部门的宏观经济均衡来说明问题，该分析主要建立在以下假设前提下：第一，整个市场中只存在个人、厂商和政府部门，不涉及对外交换。其中，个人发生消费行为和储蓄行为，厂商发生生产行为和投资行为，并且厂商进行投资完全自主化。第二，市场是完全竞争的市场，价格的变动与产量的变动无关。第三，整个税收体系仅存在一个税种，即个人所得税。按照凯恩斯的国民收入决定理论，经济社会的一般均衡是总需求等于总供给时的产出，即均衡产出。均衡产出的公式推导如下：总收入函数为 $Y = C + I + G$，其中 Y 表示收入，C 表示消费，I 表示投资，G 表示政府购买。总支出函数为 $Y = C + S + T$，其中 S 表示储蓄，T 表示税收（为了便于分析，我们暂时假定政府只对消费者征收个人所得税）。当收入和产出相等时，即 $C + I + G = C + S + T$，均衡产出为 $I + G = S + T$。我们分三种情况讨论个人所得税对经济稳定的影响：第一种情况，假设政府不征收个人所得税，即 $T=0$；第二种情况，假设政府按照比例税率征收个人所得税，即 T 为收入 Y 的线性函数；第三种情况，假设政府按照累进税率征收个人所得税，即 T 为收入 Y 的非线性函数。在这三种假设前提下，三部门的均衡产出如图 2-9 所示。当政府采用累进税率的方式征收个人所得税时，随着收入的不断提高，税率会进入更高的级数，所以 $S+T$ 曲线是一条向上弯曲的曲线。而如果政府采用比例税率征收个人所得税，由于税率不随收入的变化而变化，所以 $S+T$ 曲线是一条向右上方倾斜的直线。从该图中我们可以很清楚地看到，不征收个人所得税时的均衡收入大于按比例征收个人所得税时的均衡收入，而如果征收比例所得税，其均衡收入则小于按累进税率征收个人所得税时的均衡收入，也就是说征收个人所得税可以在一定程度上缓解"乘数效应"对经济的影响，减少经济波动对一国经济的影响，个人所得税对经济运行稳定性的作用可见一斑。但是，个人所得税发挥自动稳定器功能对经济的影响是受两方面因素的影响的：一是个人所得税费用扣除标准的高低，二是个人所得税税率的累进程度。费用扣除标准和税率累进程度相互配合，共同影响个人所得税自动调节经济的功能。我们通过图形进行对比，如图 2-10 所示。在图 2-10 中，T_1、T_2 累进税率相同但费用扣除标准相异，并且 T_2 的费用扣除标准要低于 T_1；T_2、T_3 费用扣除标准相同，但累进税率相异，T_2 的累进税率低于 T_3。当三部门经济处于均衡状态时，S、$S+T_1$、$S+T_2$、$S+T_3$ 所达到的均衡产出分别为 Y_1、Y_2、Y_3、Y_4，并且 $Y_4 < Y_3 < Y_2 < Y_1$。从图中我们可以很明显地看出，在相同的累进程度下，当费用扣除标准较低时，个人所得税对经济的稳定调节作用较强；反之，费用扣除标准定得越高，个人所得税则越难

发挥其稳定经济的功能。当费用扣除标准相同时，不同的个人所得税税率累进程度也会影响其对经济稳定的作用，个人所得税税率累进程度越大，对经济的稳定作用就越强。

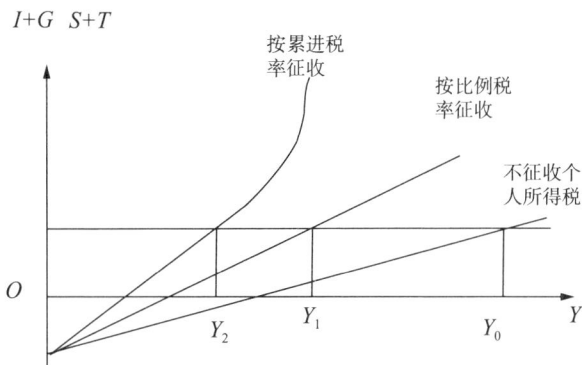

图 2-9　个人所得税对三部门经济的影响

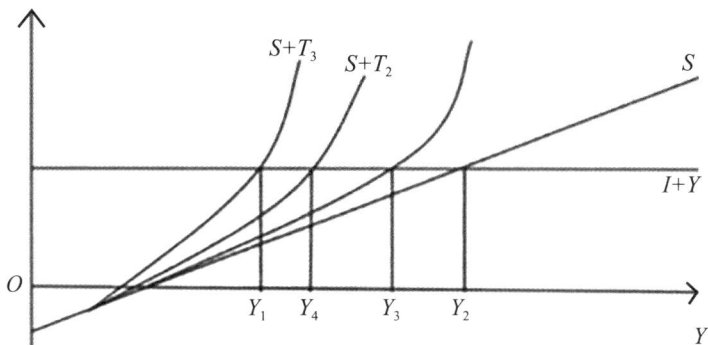

图 2-10　个人所得税累进程度比较

2.5　个人所得税与社会公平

　　个体自然禀赋的差异决定了个体拥有生产要素的差异，而市场经济是通过个人拥有的生产要素的数量和质量决定收入分配的，所以，按照市场经济规律来分配收入就会出现贫富差距这种社会不公平现象。为了缓和这种不公平现象，政府就需要利用税收政策和转移支付手段进行调节。个人所得税作为调节收入分配的有效手段，其职能的发挥主要是通过费用扣除标准的高低和税率的累进性来实现的。这就要求个人所得税费用扣除标准和税率结构的设置科学、合理，同时需要税收征管部门全力配合，保证个人所得税可以最大限度地发挥调节收入分配的作用。

但是各阶层收入差距存在的原因是复杂多变的，仅仅依靠税收的调节作用是无法实现完全的社会公平的。在研究个人所得税制度改革时，一部分学者坚持用提高费用扣除标准和降低税率来调节收入分配，实践经验告诉我们，仅仅依靠这样的税收制度改革是无法实现社会公平的。研究表明，提高费用扣除标准和调整税率结构，对高收入阶层的收入水平并没有产生较大的影响，而对于低收入和较低收入阶层而言，因其本身就不具备缴纳个人所得税的资格，所以这样的政策变动对他们的影响根本无从谈起。所以，税收调节手段还应当同转移支付、公共福利等调控手段相结合，才能最大限度地实现社会公平。另外，市场机制的不完善也是造成收入差距不断扩大的因素之一，因此，健全市场竞争机制，规范市场秩序，同样会对调节收入差距起到积极的作用。

2.6　个人所得税对经济安全的影响

随着市场经济的深入发展和我国加入WTO，国内经济与全球经济联系日益紧密，经济全球化趋势的加强一方面使得我国经济实现突飞猛进的发展，另一方面也给我国现存的经济结构发展模式带来了冲击，原有的经济模式已经偏离了世界经济发展的轨迹，内涵式的经济发展模式逐渐成为我国经济发展的最优选择途径。随着经济全球化和国际分工不断深化，我国要想在国际上立于不败之地，必须一方面发展自身的优势，在国际分工中找到适合自身发展的位子，另方面抓住一切机会与世界发达国家建立贸易合作关系，融入经济全球化发展的大趋势。但是，日益紧密的国际合作也会带来一定的风险，国际经济环境的改进和优化会促进我国经济的发展和增长，相反，国际经济的动荡和不安产生的负面效应会通过传导机制影响我国，导致我国经济发展产生动荡。美国爆发次贷危机以后，其影响通过对外贸易在我国迅速扩散，众多出口企业供需失衡；国际资本的不寻常波动，导致我国资本领域投机因素彰显，从而加大了国家宏观调控经济的难度，使我国的产业升级和结构转型受到了一定的阻碍。经济安全研究就是立足于当下经济大背景，研究如何在变幻莫测的外部经济冲击影响下，保证国内经济稳定、长时期、可持续发展。

顾海兵教授经过多年对国家经济安全的潜心研究，得出了一套具有逻辑性和科学性的研究方法，即从三个角度分别展开对国家经济安全的研究，如图 2-11 所示。

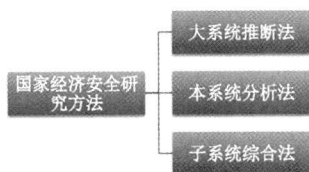

图 2-11　经济安全研究方法

所谓大系统推断法就是指把国家安全作为整体，经济安全、政治安全、军事安全、文化安全等相互影响，共同成为影响国家安全的因素，国家安全的情况即为这些因素的加总或乘积，用公式表示为

国家安全 = 国家政治安全 + 国家经济安全 + 国家军事安全 + 国家文化安全

或

国家安全 = 国家政治安全 × 国家经济安全 × 国家军事安全 × 国家文化安全

按照数学上的逻辑，以上公式中四个变量只要获得三个变量的信息，就可以很容易地推出未知变量的信息。例如，我们要想了解国家经济安全，仅需了解国家安全、国家政治安全、国家军事安全、国家文化安全，然后通过公式转换得到国家经济安全，具体计算如下：

国家经济安全 = 国家安全 – 国家军事安全 – 国家文化安全 – 国家政治安全或

国家经济安全 = 国家安全 /（国家政治安全 × 国家军事安全 × 国家文化安全）

上述公式中加法形式比较容易理解，在具体应用中也较容易被广大学者接受，乘法形式从某种角度更能反映变量之间的相关程度，用来解释一些极端情况更为合理。公式中的国家安全等因素在具体计算时，精确的数值可能不是很容易获得，因此，可以采用问卷调查的形式获得估算的数据。但是，也可以通过相关模型的估计测算出具体的数值，只是计算过程较为烦琐，花费的时间较多。

仅从内部关系的角度来看，影响国家安全的几个因素之间既存在正向联动关系，也存在负向影响关系，当然具体的关系需要放在特定的时间和空间里分析。在某一特殊的时间和空间，几个因素之间存在同方向增加的可能，如文化安全的提升，可能使经济安全、政治安全和军事安全随之提升，可以同比例提升，也可以同趋势提升；相应地，经济安全、政治安全和军事安全的提升会导致文化安全产生更大的增长效应。相反，在另外的特定时间和空间，几个因素之间可能是此消彼长的关系，军事安全的提升可能是以牺牲经济安全的提升为代价的，这在现实中不难找到例子。

本系统分析法是指仅分析经济安全本身，不涉及其他安全内容。本系统分析方法认为，按照经济安全的定义和内涵，国家经济安全主要由经济安全能力和经济安全条件两部分构成，其中经济安全能力是内因，经济安全条件是外因，二者共同影响一个国家或地区的经济安全情况。其中，经济安全条件主要是指一个国家面临的外部经济风险，而经济安全能力是指经济系统本身具有的抵御这种外部经济风险的能力，用公式描述为

$$经济安全 = \frac{经济安全条件 + 经济安全能力}{2}$$

$$经济安全 = \sqrt{安全条件 \times 安全能力}$$

相加描述的是二者相互独立时对经济安全产生影响的结果，相乘描述的是二者相互交织影响下对经济安全的影响。二者的组合可以从数量上和性质上进行划分，如图 2-12 所示。从数量上进行组合可以很好地简化研究过程，提高解决问题的效率，从性质上进行组合可以很好地扩大经济安全的研究范围，安全条件或者安全能力有一方与经济安全挂钩均属于我们研究的范围。此外，安全条件和安全能力还可能成为影响彼此的因素。

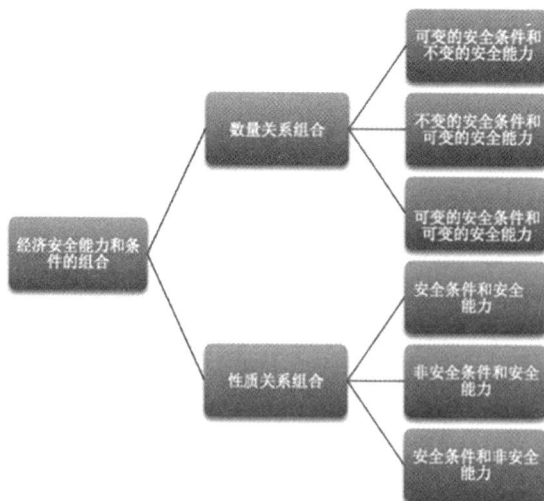

图 2-12　安全条件和安全能力的组合划分

　　所谓子系统就是研究影响国家经济安全的各个组成部分，我们在研究经济安全时，对这些组成部分一一进行研究，即完成了对经济安全的研究。例如，按照纵向划分，国家经济安全按照行业划分，每个行业的经济安全情况汇总即为国家经济安全的情况；按照横向划分，国家经济安全可以按照不同行政区域进行划分。从时间上看，国家经济安全可以按照短期、中期和长期进行分解等，也就是说我们可以按照不同划分方式把国家经济安全划分为不同的子系统。子系统的研究相较于上述两种研究方法更加灵活，不同的划分方式很有可能会得到完全不同的分析结果，更有利于我们进行对比。

　　在具体研究国家经济安全问题时，还应当根据现实的经济情况适当地做出调整。在进行调整时应注意以下几个方面：首先，要做到定性准确。只有在定性准确的基础上进行的研究才是符合要求的研究，一旦定性出现了偏差，那么最终的结果可能与事实相差很远。其次，应当采用多种研究方法。社会科学的研究由于其自身所存在的特殊性，单一的研究方法很难全面揭示问题，多种方法的结合才能帮助研究人员得出正确的判断。

　　本章节在分析经济安全时采用的为上述方法中的本系统分析法，本系统分析法的精髓是把影响经济安全的指标按照性质划分为经济安全能力指标和经济安全条件指标。具体方法如下：

　　第一，确定指标来源。最常用的确定指标的方法是查找专业文献和著作。为了保证各个指标的时效性和稳定性，可在查找时设定一定的区间范围。

　　第二，筛选指标。筛选指标可以采用社会认知法和专家统计法。社会认知法主要强调的是社会公众对某一个指标的普遍认识程度，该认识程度说明了这个指标在社会发展中的重要程度。如果一个指标的社会认知程度较高，那么，这个指标在社会发展中也就越重要，越关系国计民生。专家统计法主要通过整理涉及国家经济安全的专业期刊和文献以及相关著作，统计某一指标被提及的频率，频率越高说明该指标在经济安全分析中越重要。

　　第三，确定指标。根据上述两种方法，按照重要程度进行排名，排名越靠前的指标赋予的分值越大，在整个指标体系中的权重也就越大。初步确定以后，可以根据客观经济情况进行微调，最终确定入选指标。

　　第四，确定权重。确定权重主要采用专家调查问卷的方式，根据最终确定的指标设计问卷，综合经济安全领域多位专家的意见，确定每个指标的权重。

　　顾海兵教授及其弟子多年来一直致力于国家经济安全研究，在不断地改良和优化中形成了独具特色的指标体系见表2-1。本部分的分析就以该指标体系为参照，展开个人所得税对国家经济安全的研究。

表 2-1　国家经济安全指标以及权重

国家经济安全指标	关键领域	权重（%）	细分指标	权重（%）
经济安全条件	财政金融	30	外债负债率	18
			短期外债占外债的比重	12
	实体产业	50	七大关键产业外资加权市场占有率	5
			中国专利在国际专利中的比重	10
			贸易依存度	20
			出口集中度	15
	战略资源	20	能源加权对外依存度	6
			石油对外依存度	14
经济安全能力	财政金融	22	商业银行不良贷款率	11
			商业银行资本充足率	7
			国债负担率	4
	实体产业	44	500强企业研发投入比	26
			国际竞争力指数	18
	战略资源	17	国家石油战略储备满足消费的天数	10
			人均粮食产量	7
	宏观稳定	17	CPI	5
			城乡居民收入之比	4
			财政收入/GDP	8

从上表中可以看出，影响经济安全的指标多种多样，并且随着经济的发展和现实情况的改变，指标体系还会做相应的调整。个人所得税对经济安全的影响主要通过财政收入/GDP指标中的财政收入对经济安全产生影响。有些学者可能会质疑，他们认为个人所得税占财政收入的比例不超过6%，那么对经济安全的影响就仅为0.48%，可以说是影响很小，几乎可以忽略不计，没有研究的价值和意义。但是，笔者认为，个人所得税之所以对经济安全影响较小，完全是因为作为直接税的个人所得税在我国财政收入中占比不高。如果通过税制结构改革，个人所得税在财政收入中的占比提高，那么对经济安全的影响就会随之加大。例如，美国个人所得税占政府财政收入的一

半左右，此时，个人所得税对经济安全的意义就显得较为重要。

接下来我们通过分析个人所得税占财政收入比重的安全得分来说明个人所得税对国家经济安全的影响。计算个人所得税占财政收入比重的安全得分，第一步需要确定指标的上、下限标准。确定上、下限标准时，我们主要根据世界其他国家的实际比例设定。表 2-2[①] 为 2018 年部分 OECD 国家个人所得税占财政收入的比重。通过表 2-2 可以看出，表中的 24 个国家中，个人所得税占财政收入的比例最低为 8%，最高为 55%，据此，个人所得税占财政收入比例的上、下限标准见表 2-3。

表 2-2　2018 年部分 OECD 国家个人所得税占财政收入的比重

国家	个人所得税 / 财政收入（%）
澳大利亚	36
奥地利	19
比利时	24
捷克	9
丹麦	43
爱沙尼亚	14
芬兰	23
法国	15
德国	21
希腊	16
匈牙利	11
冰岛	31
爱尔兰	26
意大利	24
卢森堡	19
荷兰	16
挪威	17
波兰	12
葡萄牙	14
斯洛伐克	8
斯洛文尼亚	13

---

① 资料来源：OECD 官方网站整理而得。

国家	个人所得税／财政收入（％）
西班牙	20
瑞典	23
瑞士	25
英国	22
美国	55

表2-3 指标上下警戒线

指标	下警限（％）	上警限（％）
个人所得税占财政收入比重	8	55

接下来根据得分设定安全类型，具体见表2-4。最后，根据表2-3和表2-4，划分安全得分对应的警戒线标准见表2-5。

表2-4 安全类型划分表

安全得分区间	安全类型
0～20	极不安全
21～40	不安全
41～60	轻度不安全
61～80	基本安全
81～100	安全

表2-5 个人所得税占财政收入之比具体安全区间划分

区间	3%	4.5%	6%	7.5%	9%	14.75%	20.5%	26.25%	32%	37.75%	43.5%	49.25%	55%
安全得分	20	30	40	50	60	70	80	90	100	90	80	70	60

根据国家统计局的数据计算可得，2019 年我国个人所得税收入占财政收入的比例为 8.3%，采用插值法计算 2020 年该指标的安全得分，计算公式为

$$y = y_1 + \frac{(x - x_1)(y_2 - y_1)}{x_2 - x_1} = 50 + \frac{(8.3\% - 7.5\%)(60 - 50)}{9\% - 7.5\%} \approx 53.33$$

对比表 2-4 可知，该指标处于轻度不安全区域。

根据上述分析我们可以获知，个人所得税在财政收入中的占比较小，使得个人所得税对经济安全影响较小。但因为个人所得税占财政收入的比例仅为 8.3%，在整个经济安全衡量指标中仅占 0.4%，对整个国家经济安全影响较小，具有较大的上升空间，随着个人所得税在财政收入中的占比逐步提高，其对经济安全的影响也会不断加大。

在以后章节的分析中，我们将会通过个人所得税费用扣除标准和税率的调整，分析当个人所得税占财政收入的比例增加时对经济安全的影响。

第 3 章　世界典型国家的
个人所得税发展史

通过对个人所得税发展历史的研究，纵向比较个人所得税在不同发展阶段对国家宏观经济的影响，为我国个人所得税的宏观经济改革提供参考依据。

3.1　国外个人所得税发展史

3.1.1　英国个人所得税的产生和发展

相较于流转税来讲，个人所得税作为直接税的一种开始在世界上出现有其特殊的历史原因。战争的爆发使得个人所得税的出现成为必然。个人所得税最初在英国出现，18 世纪末期的英国正处于与法国交战的时期，战争的巨大破坏力摧毁了英国的经济，一度使得英国的财政处于崩溃的边缘，为了负担高昂的军费开支，当时的英国首相皮特在全国范围内推行一种收入申报表，该申报表中详细列支了多达 19 种类型的收入来源以及可获得收入的财产来源，它们按照以下四种项目划分：（1）土地房屋收入；（2）由个人财产、贸易、职业、公司、年金、薪水、行业、雇佣关系得到的收入；（3）来自大不列颠之外的收入；（4）不属于以上三项的其他收入。当时的税率设置见表3-1。上述税收制度被看作现代综合所得税制度的初级形态，是个人所得税在全世界诞生的标志[1]。但是这种税由于涉及过多的个人隐私，很快被取消。

---

[1]　彼得·马赛厄斯，悉尼·波拉德. 剑桥欧洲经济史. 第八卷，工业经济：经济政策和社会政策的发展 [M]. 北京：经济科学出版社，2004.

表 3-1　18 世纪英国个人所得税税率

应计收入（英镑）	税率（%）
低于 60	0
60 ～ 199	0.8 ～ 5.5
200 以上（含 200）	10

1803 年，英法两国战事再次爆发，所得税又重新登上历史舞台，而且更加完善。根据爱丁顿设计出的分类所得税制度，收入被划分为五个类别，纳税人按照不同的收入性质划分，对比计算应纳税额。第一类：土地房屋所有者的税，是指对由于拥有土地、房屋、住宅等所有权而产生的租金或者年值所形成的收入征收税款；第二类：土地占有者和农场主，即对土地、住宅、不动产的占有产生的租金征税；第三类：对资金持有者的资本所得征税，主要包括英国和外国政府公债；第四类：其他不属于上述四类的所得，即对来自任何经营、贸易、职业的收入征税；第五类：公共雇员税，即对全部政府公务员、国有公司雇员的工资和养老金征税，暂时不包括私人雇员收入。1806 年，分类所得税在细节上的进一步完善奠定了英国分类所得税的框架基础。配第在原有税收法律的基础上进行了细节上的修改，并引用了单一税制 - 按比例征收的基准税率。所得税的改革在这一时期初现成效，使得当时英国的财政收入从 1973 年的 2 420 万英镑增加到了 1814 年的 1.6 亿英镑。1815 年，个人所得税收入在当时英国财政收入所占的比例高达 21%，占直接税收入一半以上。但在这一时期所得税仍为临时税，其初衷主要是为战争筹款。

1816 年，战争以拿破仑的失败告终，作为临时税的个人所得税随即也退出纳税体系。直到 1842 年，阿富汗战争爆发，个人所得税这一税种才摆脱了"临时税"的地位，成为一种常规税被英国国会纳入英国税收体系。但在此后的几十年里，个人所得税处于停滞发展阶段，税率和费用扣除标准几乎没有大的调整。直到第一次世界大战爆发。当时，英国的军费开支剧增，为了弥补巨额财政赤字，英国政府多次调高个人所得税税率。第一次世界大战结束后，个人所得税占英国税收的比重超过了 80%。虽然战争结束以后，英国政府调整了个人所得税税率，但作为主要税种的所得税已成为英国的第一大税种，在整个税收收入和财政收入中占据着重要的地位。1954 年以后，

"代扣代缴"方式的个人所得税制度经过历史的检验，成为英国今天个人所得税缴纳的主要方式。

进入 21 世纪以来，英国的个人所得税税率结构在经历了 20 余年的调整之后进入了相对稳定时期，从 2000—2001 财政年度开始，英国个人所得税税率一直实行以 22% 的标准税率，配以 10% 的低税率和 40% 的高税率所组成的三级超额累进税（表 3-2）。

表 3-2　2002-2003 年度英国个人所得税税率表

应税所得额（英镑）	适用税率（%）
0 ～ 1 920	10%
1 921 ～ 29 900	22%
29 901 以上	40%

这种税率结构是自 20 世纪 70 年代以来，英国个人所得税制不断改革与发展的结果。在 1978—2002 年的 24 年间，英国的税率级次已经从 11 级减至 3 级，税率一直呈下降之势，而且下降幅度很大，无论是最低税率还是最高税率都下降了一半以上。1978 年以前，对工薪所得征收的最高税率曾经高达 83%，加上个人投资所得加征的 15% 附加税，当时个人所得税的最高边际税率曾达到 98% 的高水平。1979 年英国保守党开始执政的第一个财政年度就把标准税率从 33% 降到了 30%，最高税率从 83% 降到了 60%。第二年即 1980 年，取消了较低税率这一税级档次，1984 年又取消了对个人投资所得征收的附加税。1988 年，英国个人所得税的最高税率已降到了 40%，标准税率降到了 25%，形成了一个相当简洁的税率格局，即 95% 的纳税人适用 25% 的税率，少数高收入者适用 40% 的税率。这样一种税率结构充分体现了当时西方发达国家个人所得税所具有的宽税基、低税率和高效率的特征。1992 年以后，英国在把标准税率继续调低的同时，又恢复了低税率档次，从 1992 年的 20% 逐步降至 1999 年以后的 10%。跨入 21 世纪之后，英国个人所得税税率结构基本稳定在低税率（10%）、标准税率（22%）和高税率（40%）的三级超额累进税格局之上。

英国个人所得税应税所得主要包括工薪、失业救济金、营业利润、财产出租所得、投资所得、利息所得、特许权所得、养老金所得和退休金所得等。这些收入所得在计税时可以进行必要的扣除。英国个人所得税扣除项目曾名目繁多，主要有个人扣除（个人生计费扣除）、已婚夫妇扣除、鳏寡孤独扣除、附加个人扣除、子女税收抵免、工薪家庭税收抵免和盲人扣除等。最近 20 多年来，伴随着个人所得税税率的下降，各项扣除制度也发生了很大的变化，变化的趋势是扣除项目越来越简洁。特别是近年来，实行了多年的已婚夫妇、鳏寡独居、购房抵押贷款利息、养老保险金等项目的扣除已经相继被废除。

3.1.2 美国个人所得税的产生和发展

美国作为世界上税收制度最为健全的国家，个人所得税首次作为联邦税收被确定下来是在 20 世纪上半叶。但早在 1837 年，美国个别地区就开始征收个人所得税。1911 年，威斯康森州通过了公司和个人所得税法案，成为美国所得税发展的最初形式。南北战争爆发后，迫于军费开支的巨大压力，美国政府颁布了具有临时性质的所得税法案，该法案的实施，为当时的美国政府凑集了将近 4 亿美元的税收收入。个人所得税迅速缓解财政压力，促使美国国会在 1931 年颁布了第一部《联邦所得税法案》，该法案包括了个人所得税和公司所得税，并对个人收入的范围作了明确地规定，即只要是来自美国国内的任何收入，在做了必要的扣除以后，必须按照法律规定缴纳税款，并列出了详细的个人宽免额和税率。这可以看作美国个人所得税法案的最初形式。美国今天的个人所得税法案基本沿用了当时的整体框架，以后的多次改革皆是在此基础上进行的调整。1918 年，所得税制度范围扩大，规定了公民在美国境外获得收入也需按照相关法律缴纳税款，同时细化了收入和扣除项目的内容。第一次世界大战结束以后，美国经济开始复苏，居民收入逐渐增加，为了促进经济的发展和增加居民收入，联邦政府多次调低个人所得税税率。

20 世纪 20 年代末，美国进入经济大萧条时期，工业产量和国民生产总值急剧下降，失业率大幅度上升，为了缓解国内的危机，时任美国总统罗斯福开始实施一系列的经济改革，这一系列改革包括提高高收入阶层的个人所得税税率，对高收入阶层征收超额累进所得税，同时提高了最高税率，以期发挥税收的再分配效应，调节收入差距和缓和尖锐的社会矛盾。20 世纪 60 年代，为了给美国长期停滞的经济发展注入活力，美国开始进行一场大规模的旨在减少个人税收负担的调减个人所得税税率改革，改革的结果使个人所得税收入减少了约 1/5。20 世纪 80 年代，美国经济处于高通货膨胀和高失业率的经济混乱时期，以减税为核心的税制改革一直是美国联邦个人所得税发展变迁中的主旋律。其中，里根时期的税制改革开启了全球性减税的浪潮，克林顿政府的税制调整有效地缓解了美国政府联邦赤字压力，刺激了经济的快速发展。21世纪以来小布什政府的一系列减税法案对美国社会经济变革也产生了深远的影响。

2008年全球性金融危机以后，面对居高不下的财政赤字和严峻的就业形势，奥巴马政府提出了旨在进行结构性调整的税制改革法案，即《2012美国纳税人救济法案》（*The American Tax payer Relief Act of* 2012），该法案确保98%的美国人和97%的小企业主不会增加税负，这使联邦个人所得税仍稳居主体税种的地位。

从美国个人所得税的变迁中我们可以看出，美国联邦个人所得税的变迁就是政府职能演变的缩影。1913年以前，美国政府奉行小政府、自由放任的经济思想，这与亚当·斯密的"廉价政府"主张完全一致。与此相适应，政府的职能范围也极小，税收收入有限。然而，随着经济发展，政府活动范围逐渐扩大，特别是战争带来的巨大军费开支要求政府开辟新的财源，在所得税产生以前，美国只能靠提高关税和货物税的税率来满足支出增长的需要。所得税的产生，不仅使政府获得了新的融资工具，开辟了新的财源，也极大地缓解了关税和货物税的压力。

实际上，自1913年美国联邦个人所得税产生以后，它在联邦税制体系中的地位就不断上升，不仅满足了政府规模扩张的需要，更成为政府规模迅速扩张的助推器。

3.1.3 德国个人所得税发展史

19世纪早期，普鲁士首相施泰提出按照累进税率征收所得税，但遭到当时大的利益主体的强烈反对，该项税收制度也就随之流产，之后直到德意志帝国成立以前，这种税收形式再没有出现过。德意志帝国成立以后，按照当时的法律规定，帝国政府的税收权限极其有限，所得税仅由各州自行开征，并无统一的纳税模式和税率。进入19世纪末期后，首相米魅尔颁布了一项所得税法，确定了具有累进性质的个人所得税制度。按照该项法案，法人和自然人的宽免额标准不同，法人的宽免额按照申报的应税所得收入减去3.5%计征，自然人则根据收入来源性质计征，并实行累进税率。到1913年，确立了个人所得税在德国税收体系中的重要地位。

第一次世界大战结束后，高额的战争赔款迫使德国开始进行所得税制度改革，经过一系列的改革，逐渐形成了现代个人所得税的基本框架。1925

年，德国取消法人和自然人分别计征的方法，开始统一按照收入来源计征个人所得税，另外还对居民最低生活保障做了规定，对工资所得实施不同程度的减免。

第二次世界大战以后，德国对个人所得税制度进行了多次修改和完善，逐渐形成了沿用至今的个人所得税制度。随着战争的结束，遭受巨大创伤的德国进入战后重建时期，政府连续三年减税。1958 年，政府改革了所得税税制。此时的所得税宽免额较少，税率结构比较特殊，第一级和最高级适用边际税率，中间级采用累进税率，同时调整了累积盈余和股息的税率。20世纪 60 年代中期，德国开始着手进行分配模式的改革，税收政策也进行相应调整，由单纯刺激投资开始转向减少经济波动，政府也开始对不同规模的公司所得税进行调整，尽量实现税收的调节功能：在 1970 年初引入所得税的附加税，以刺激地区经济发展。20 世纪 70 年代中期开始，德国完善了投资环境，吸引了较多国外资本的投入，在税收环节引入全额归集抵免制度，降低了股息双重征税的可能性。1975 年，德国政府进入大规模减税时期。进入 80 年代的萧条时期后，随着政府债务的迅速增加，德国政府继续减税，1986—1990 年期间，所得税的税负水平逐年降低。

两德统一以后，重建东德经济成为当时首要的经济目标，因为原东德地区的生产力水平较低，企业竞争力差，并且，货币统一加剧了经济困难。原东德与其传统的贸易伙伴，如东欧地区，包括苏联的贸易都在迅速减少。原民主德国部分全盘采用了正在实施中的原联邦德国税收制度，以所得税为主体的德国税收格局没有发生多大变动。但当时的德国政府在税收政策方面还是采取了很多有效的措施。由于统一后政府支出大量增加，政府债务又迅速增长，德国政府被迫重新增税，但增税的重点主要集中在增值税、石油产品税和其他间接税上。1991—1992 年，德国开征了所得税的附加税，于1993 年取消，1995 年再次开征。20 世纪中期以来，所得税收入在德国税收总额中的比重始终维持在 40% 以上，后来，随着社会保障税和增值税的崛起，所得税的收入比重有所下降。

3.1.4　日本个人所得税的产生和发展

日本个人所得税设立于明治二十年即 1887 年，由于当时资本积累水平和国民收入水平低下，直到第一次世界大战爆发前，日本所得税仅占当时总税收的 10% 不到。昭和十五年（1940 年）的税制改革以所得税为主，建立了分类所得税和综合所得税，将法人税从所得税中独立出来，至此，日本的个人所得税开始具有现代化形式。第二次世界大战以后，日本的个人所得税税制进一步发展，大致经历了以下几个时期。

（一）战后初期（1946—1949 年）

第二次世界大战的惨败给日本带来了经济的混乱，日本财政到了崩溃的边缘。日本一方面面临税收锐减，另一方面面临着巨额的公债和战时需要补偿的债务，日本政府为了挽救日本经济，对个人所得税进行了改革。1947年，日本政府将原来两种所得税（分类所得税和综合所得税）合并为单一的综合所得税，并对资本利得进行了征税。另外，日本政府对劳动所得按较低的税率征收，并允许劳动所得可扣除 20% 再征税，这一扣除制度一直沿用到现在。在申报纳税制度方面，对工资收入者采取了源泉征收制度。

（二）经济复苏，肖普税制时期（1950—1958 年）

随着战后各项改革的深入开展，美国占领军当局看到所有改革都涉及税收领域，并且开始意识到只有推进日本税制全面改革，才能推动日本经济的全面发展。特别是随着"道奇路线"的推进，美国更是感到了税制改革的重要性。于是，1949 年 5 月，美国请哥伦比亚大学教授肖普和另外 5 名税收问题专家组成使节团来到了日本，开始对日本的税收制度进行全面的考察。经过 3 个月的调查研究，提出了《肖普使节团日本税制报告书》，统称为"肖普建议"。"肖普建议"成了日本现代税制的起点。在"肖普建议"中，肖普主张建立以直接税为中心的税收制度，并认为为了社会公平，个人所得税应该在整个税制中占核心地位。他特别强调对所得税进行综合课征，建议废除对债券和存款利息实行的源泉征收制度，强调对财产转让过程中的增值进行全额征税，并将原来的 20% ～ 85% 的 14 级累进税率简化为 20% ～ 55% 的8 级累进税率。由于形式的变化，1951 年以后，日本对"肖普建议"进行了全面的修改，对所得税进行减税，提高各种所得的扣除标准，又建立了新的所得扣除项目，并修改了所得税税率，改为 15% ～ 65% 的 11 级累进税率。从 1955 年开始，日本在历史上首次对利息收入实行全部免税，恢复对红利所得的源泉征税，废除对有价证券的资本利得征税。

（三）经济高速发展时期（1959—1989 年）

1959 年，日本进入了经济的高速增长时期，综合国力不断增强，为促进经济增长，日本把减税作为政府政策的支柱之一。1971 年的"石油危机"

后，日本政府根据新形势不断完善税制，1989 年的税制改革堪称是 20 世纪 50 年代"肖普建议"以来规模最大的税制改革，它以公平、中性、简化为基本理念，顺应国际潮流，着眼老龄化社会，以构筑所得、消费、资产均衡为税收体系的宗旨。在个人所得税方面，对累进度较高的税率进行了结构性的调整，税率由 1974 年的 10.5% ~ 70% 的 15 级距降低到 10% ~ 50% 的 5 级级距，同时设立了配偶专项扣除，提高基本生活扣除额和抚养扣除额，大幅下调个人所得税和居民税税率，以此来减轻工薪阶层的税收负担。

（4）经济下滑时期（1990—1994 年）

20 世纪 90 年代初，泡沫经济的崩溃标志着日本经济开始下滑。面对经济的恶化，日本国会审议通过了《1994 年个人所得税特别减税临时措施法》，该法规定工薪所得者和经营业主可以在按 20% 的税额扣除和 200 万日元的定额扣除中选择比较多的金额作为扣除。提高个人所得税的起征点，把基本生活扣除额、配偶扣除额、抚养扣除额从 35 万日元提高到 38 万日元。另外，个人居民也把基本生活扣除额、配偶专项扣除额从 31 万日元提高到 33 万日元，抚养扣除额从 36 万日元提高到 38 万日元。

（五）金融危机时期（1997—1999 年）

通过 1994 年税制改革以及其他经济政策的共同作用，1995 年日本经济出现了好转的势头，但受到 1997 年亚洲金融风暴的影响，日本经济再度停滞不前。面对这样的形势，1999 年日本对个人所得税做了大幅度的调整，个人所得税的最高边际税率从 50% 降到 37%，改 5 级累进税率为 10% ~ 37% 的 4 级累进税率，降低居民税率，使个人所得税和居民税的合计最高税率为 50%；实施"定率减税"计划，提高不满 16 岁子女的抚养和扣除标准及 16 ~ 23 岁特定抚养的扣除标准，同时居民税也相应提高了扣除标准。

3.2　我国个人所得税的产生和发展

3.2.1　北洋政府时期

所得税制度被引入我国的时间较晚，最早出现所得税概念是在清朝末期。当时的清政府外有列强入侵，内有革命叛乱，国家财政既无力支付巨额战争赔款，又无法满足国内镇压革命的军费开支需要。为了维持国家的政治稳定，清政府开征个人所得税。1911 年，清政府起草了《所得税章程》，该章程共有 30 条，规定对公司所得、个人所得以及其他所得征收税款，当时采用的是八档累进所得税税率，税率为 1%~6%，起征点为 500 元。但随后由于清政府的倒台，这部章程还没有面世即已夭折。不过这是我国历史上首次开征该税种，而且当时的税制设置相对科学、合理。

北洋政府成立后，国内经济情况继续恶化，为解决政府面临的财政困难，北洋政府开始整顿税收制度，计划开征清政府未实施的个人所得税。新政府成立三年后，在《所得税章程》的基础上，借鉴日本制度，颁布了《所得税条例》。当时设置所得税的理由有以下四点：第一，国民负担税收的能力应根据各自的财富水平而各不相同。如果按照比例税率征收话，高收入阶层税收负担较轻，低收入阶层较重，所以决定采用累进税率，这样可以调整贫富差距。第二，相较于所得税，其他税种具局限性，无法大面积普及，而所得税除无纳税资格者以外，所有国民都必须按照收入的多少缴纳所得税。第三，个人所得税的设置弹性较大，可根据实际情况的变化进行相应的调整。第四，充分发挥个人所得税增加财政收入职能。

该条例的具体规定如下：

税率见表 3-3。

表 3-3 《所得税条例》规定的累进制税率 ①

级距（元）	税率（%）	级距（元）	税率（%）
501～2 000	5	30 001～50 000	35
2 001～3 000	10	50 001～100 000	40
3 001～5 000	15	100 001～200 000	45
5 001～10 000	20	200 001～500 000	50
10 001～20 000	25	以后每增加 10 万元，税率递增 5%	
20 001～30 000	30		

① 吴兆华.中国税制史 [M].北京：商务出版社，1937.

免征事项：

（1）军官服役所得。

（2）美术或者著作所得。

（3）教师薪俸。

（4）旅费、学费以及法定赡养费。

（5）不以营利为目的的法人所得。

（6）不以营利为目的的其他所得。

此条例公布以后，因为所得税课税范围较广，再加上当时的政治环境，所以不可能在全国范围内推广，1915 年，政府规定所得税第一期施行细则在部分行业和地区试行，进而推广至全国，并于 8 月 9 日公布了《所得税第一期施行细则》，该细则共 16 条，备于 1916 年开始实施。但该细则一经公布即遭到商会的强烈反对，后由于时局的原因，财政部在 1916 年 1 月 10 日通知各省《所得税条例》暂缓执行。另行颁布了《所得税分别先后征收税目》清单，自 1921 年 1 月开始征缴。根据税目清单，采用先行课税、暂缓课税和从缓课税三种划分见表 3-4。

表 3-4　《所得税分别先后征收税目》清单中征收次序

先行课税者	1. 官吏俸给，来自公费、军费及其他公家之所得，自民国十年（1921 年）1 月起，按其全年所得额核算后征税
	2. 凡依照法律注册的公司、银行、工厂，参照民国九年（1920 年）营业损益计算书，依条例第二十三条的纳税期，于民国十年开始征收
	3. 依官制许可的商号行伐，将民国九年（1920 年）的营业所得，于主管官署核定后，照前项征税
	4. 普通商店资本两万元以上者，依据民国九年（1920 年）营业所得，以自行认报的数额，按照法人利率和期限，于民国十年（1921 年）开征
暂缓课税者	1. 公债、公司债的利息
	2. 从事各业者之薪俸
	3. 存款、债款的利息
	4. 不课所得税法人之分配利益
从缓课税者	1. 田地池沼之所得
	2. 一般个人的所得

该清单公布后，引起了全社会的反对，迫于舆论压力，政府在该规定实施后的一年宣布取消。

由于北洋政府时期特殊的国内和国际现实，所得税一经公布即面临众多抗议，所有相关政策均未能在全国普及，但其税制已经初现增加政府财政收入的职能。

3.2.2 南京国民政府时期

南京国民政府时期，政府充分意识到直接税对本国经济的重要性，开始在全国范围内推行直接税，个人所得税作为直接税的一种，更是在政府的大力支持下有所发展。1928 年，政府在修订《所得税条例》的基础上，完成《所得税条例（草案）》的拟定。除了调减税率和提高免征额外，对所得税范围做了详细的划分，规定具体应缴纳所得税的收入为：①经营农工商业利益之所得；②拥有土地房屋租金之所得；③股票、债券利息之所得；④资本红利之所得；⑤薪金报酬之所得；⑥国家及地方官吏的薪俸、年金、给予金之所得；⑦其他所得。

1921 年，政府再次修改《所得税条例（草案）》，其具体修改要点如下：

（1）国债、公债、地方债均需课税。

（2）对原条例一中的农工商利益之所得采用全额累进税率，按照盈利资本总额课税，全年盈利额占比不超过资本总额的 10% 免交所得税；全年盈利额占资本总额的 10%～15% 按照 10% 缴纳税款；全年盈利 15% 以上～25% 的课税 15%；25% 以上～35% 课税 20%；35% 以上，按照盈利每增加 10%，课税增加 5%。

（3）免征额提高到 2 000 元，具体税率见表 3-5。

表 3-5　1929 年南京国民政府所得税税率 [1]

级距	税率（%）
2 001～10 000	5
10 001～20 000	10
20 001～30 000	15

---

[1]　项怀诚. 中国财政史（中华民国卷）[M]. 北京：中国财政经济出版社，2006.

级距	税率（%）
30 001 ～ 50 000	15
50 001 ～ 100 000	25
100 001 元起，每增加 59 000 元，对于其增加额税率递增 5%，无最高税率限制	—

但因为当时的国情特殊，该项草案并未公布实施。1936 年国民政府公布了"所得税暂行条例"，共 22 条，8 月，又公布了"所得税暂行条例实施细则"，共 49 条，使个人所得税在细则上更加完善，具体规定如下：

课税范围见表 3-6。

表 3-6　所得税课税范围

第一类	盈利事业所得
	甲：公司、商号、行栈、工厂或个人资本在 2 000 元以上盈利之所得
	乙：官商合办盈利之所得
	丙：暂时营业事业之所得
第二类	薪金报酬所得
	甲：公务人员之薪金报酬
	乙：自由职业者之薪金报酬
	丙：从事其他职业之薪金报酬。凡薪俸、岁费、奖金、退职金，养老金及其他有形式上的职务所得，均为课税范围
第三类	证券存款所得，包括公债、公司债、股票及存款利息所得

免税项目：按照政府颁布的条例，免税项目共分为以下三类，第一类所得中不以营利为目的的法人收入。第二类：所得中每月所得平均不超过 30 元者；军警官佐、士兵及公务员因公伤亡的抚恤金；小学教员的薪俸；残疾者、劳工或者无劳动能力者获得的抚恤金、养老金和赡养费。第三类：所得中各级政府机关存款；公务员即劳工的法定储蓄金；教育、慈善机构或团体的基金存款；教育储金的每年所得利息未超过 100 元者。

税率：首先来看盈利事业的所得税税率。这部分税率采用的是全额累进税率，按所得额与资本额的比例征税。第一类甲、乙两项的所得税税率见表 3-7。

表 3-7 第一类甲、乙两项所得税税率 [1]

税级	所得额与资本实额的比例	税率（%）
1	大于等于 5%，小于 10%	30
2	大于等于 10%，小于 15%	40
3	大于等于 15%。小于 20%	50
4	大于等于 20%，小于 25%	60
5	25% 以上	80

丙项所得能按照资本额计算的，按照表 3-7 的税率计算，无法按照资本额计算的，按照其所得额课税，具体税率见表 3-8。

表 3-8 第一类丙项所得税税率 [2]

税级	所得额	税率（%）
1	超过 100 元未满 1 000 元	30
2	超过 1 000 元未满 2 500 元	40
3	超过 2 500 元未满 5 000 元	60
4	5 000 元以上	每增加 1 000 元，递增税率 1%，以 20% 为限

其次，薪金报酬所得税税率见表 3-9。

表 3-9 第二类薪金报酬所得税税率

税级	每月平均所得（元）	就其超过额征收（%）
1	31～60	5

[1] 财政部财政科学研究所，中国第二历史档案馆．国民政府财政金融税收史料档案史料（1927～1937）[M]．北京：中国财政经济出版社，1997．

[2] 财政部财政科学研究所，中国第二历史档案馆．国民政府财政金融税收史料档案史料（1927～1937）[M]．北京：中国财政经济出版社，1997．

税级	每月平均所得（元）	就其超过额征收（%）
2	61～100	10
3	101～200	20
4	201～300	30
5	301～400	40
6	401～500	60
7	501～600	80
8	601～700	100
9	701～800	120
10	800 元以上	每超过 100 元，每 10 元增课 0.2 元，每 10 元课税 2 元为限；所得额不足 5 元者，其超过部分免税，5 元以上以 10 元计算

由于政治局势的不断恶化，上述条例在执行 6 年以后已与当时的环境不相适宜，遂停止实行。进入抗日战争时期以后，国民政府为缓解国内经济恶化带来的社会冲突，开始进行所得税制度改革，主要进行了两次调整，见表 3-9。

第一次调整：1943 年 2—7 月。国民政府在此期间修订了《所得税法》和《所得税施行细则》。此次修订主要针对所得税的征收范围和税率、免征额进行了调整。首先，在原来甲、乙、丙三类所得的基础上，增加了财产租赁出卖所得项目；其次，将税率从 3% 提高到 4%，最高税率从 10% 提高到 20%，薪金报酬所得从原来的 10 级超额累进税率调整为 17 级超额累进税率，并将最高税率提高到每 10 元课征 3 元，同时将证券存款所得税税率提高为 10%；再次，调整了免征额，将一般盈利所得的起征标准从占资本额的 5% 调整为 10%，一时盈利之所得从原来的 100 元调整为 200 元，薪金报酬所得由原来的 20 元调整为 100 元。

第二次调整：1946 年 4 月。1946 年，国民政府公布了《修正所得税法》，7 月公布了《所得税法施行细则》。这次修改主要围绕以下四点展开：第一，进一步扩大征税范围，增加了综合所得，实行分类所得税和综合所得税并行的制度。《修正所得税法》规定的征税范围为："凡在中华民国领域内发生的所得及中华民国在国内有住所、在国外有所得者，均应征收个人所得税。"征收分类所得税的所得类型见表3-10。

表 3-10　分类所得税课税范围

第一类	盈利事业所得
	甲：股份有限公司、股份两合公司、有限公司盈利所得
	乙：无限公司、合伙、独资及其他组织盈利事业的所得
第二类	薪金报酬所得
	甲：业务或技术报酬所得
	乙：薪金报酬所得
第三类	证券存款所得：凡公债、公司债、存款及非金融机关贷款所得
第四类	财产租赁所得
	甲：土地、房屋、堆栈、森林、矿场、渔场租赁所得
	乙：码头、舟车、机械租赁所得
第五类	一时所得

综合所得税课征范围为：全年个人所得超过60万元者，除课征上述分类所得税以外，还须加征综合所得税，综合所得税税率见表3-11。

表 3-11　综合所得税税率 [①]

税级	所得额（万元）	税率（就其超过额征收）（%）
1	60 以上～100	5
2	100 以上～200	6
3	200 以上～400	8

---

① 中国第二历史档案馆. 中华民国史档案资料汇编（第五辑第二编）：财政经济册 [M].
南京：江苏古籍出版，2007.

税级	所得额（万元）	税率（就其超过额征收）（%）
4	400 以上～600	10
5	600 以上～800	13
6	800 以上～1 000	16
7	1 000 以上～1 500	20
8	1 500 以上～2 000	24
9	2 000 以上～3 000	29
10	3 000 以上～4 000	35
11	4 000 以上～5 000	42
12	5 000 以上	50

3.2.3 中华人民共和国成立后

中华人民共和国成立初期，颁布了《全国税制实施要则》，该要则明确规定了个人获得的薪金和存款利息需要缴纳个人所得税。但当时的中国正处于刚刚起步时期，居民工资水平普遍偏低，所得收入只能满足基本生活需要，很少人会有富余资金进行储蓄，存款利息所得税在 1950 年开征，在 1959 年时取消。

党的十一届三中全会以后，我国开始实行对外开放政策，由于打开了国门，我国境内外籍务工人员增多，为了保护我国的税收收益和按照国际通常惯例，1980 年 9 月 10 日，第五届全国人民代表大会第三次会议通过并颁布实施了《中华人民共和国个人所得税法》。1986 年，为了更好地调节个体工商业者的收入水平，进一步保护其合法权益，国务院颁布并实施了《中华人民共和国城乡个体工商户所得税》。随着改革开放的不断深入，居民收入差距拉大。基于调整居民收入差距的目的，国务院于 1986 年 9 月 25 日颁布了《中华人民共和国个人收入调节税》文件，从 1987 年 1 月 1 日起实施。

至此，我国个人所得税制度形成了"三税并存"的局面。在当时的经济环境和政治环境下，该种模式的个人所得税制度对增加财政收入和调整居民收入差距还是起到了一定的积极作用，表3-12为1987—1993年我国的个人所得税收入情况。

表3-12 1987—1993年我国个人所得税收入情况[1]

年份	个人所得税收入总额（亿元）			占全部税收的比重（%）
	个体工商户	个人收入调节税	个人所得税	
1987	3.56	0.3	3.11	0.33
1988	5.17	1.15	2.36	0.36
1989	9.03	5.98	2.11	0.63
1990	10.66	6.44	4.03	0.75
1991	13	6.84	5.27	0.84
1992	15.76	9.37	6.3	0.95
1993	46.7			1.1

但是随着经济的不断发展，上述模式逐渐暴露出其自身存在的缺点。首先，纳税人设定具有漏洞，某些符合标准的纳税人没有包括进去，如个体工商户。其次，当初设计时的不合理导致各个阶层税负差距较大。最后，随着时间的推移，原来的个人所得税法在很多方面已经无法满足现阶段的生活需要，亟待改革。因此，自1993年开始，我国着手进行个人所得税的一系列改革。具体改革历程如下：

第一次修订（1993年）：第八届全国人民代表大会常务委员会第四次会议讨论并通过了《关于修订＜中华人民共和国个人所得税法＞的决定》，取消了"三税并立"的纳税格局，对个人所得税的纳税人做了新的诠释，即在中国境内有住所，或者无住所但在中国境内居住满一年及以上，从中国境内、境外取得所得的个人和在中国境内无住所但在中国境内居住不满一年，

---

[1] 资料来源：《中国税务统计年鉴》

从中国境内取得所得的个人。关于征税对象，修订后包括工资、薪金所得，个体工商户的生产、经营所得，对企业、事业单位的承包经营、租赁经营所得，劳务报酬所得等，免征额统一为 800 元；工资、薪金所得适用 5%～45%的 9 级超额累进税率，个体工商户的生产、经营所得和对企业、事业单位的承包经营、租赁经营所得适用 5%～35% 的 5 级超额累进税率，其余的所得适用 20% 的比例税率。

第二次修订（1999 年）：第九届全国人民代表大会常务委员会第十一次会议，讨论并通过了《关于修改 < 中华人民共和国所得税法 > 的决定》，按照该决定的规定，对储蓄、存款利息开征个人所得税，存款利息的所得税税率为 20%。

第三次修订（2006 年）：第十届全国人民代表大会常务委员会第十八次会议讨论并通过了《关于修改 < 中华人民共和国个人所得税法 > 的决定》，按照该决定的规定，个人所得税的免征额由 800 元调整为 1 600 元，同时规定高收入者必须依法申报纳税。

第四次修订（2007 年）：第十届全国人民代表大会常务委员第二十八次会议讨论并通过了《关于修改 < 中华人民共和国个人所得税法 > 的决定》，按照该决议的规定，自 2007 年 8 月 15 日起，储蓄利息所得适用税率由 20% 调整为 5%。

第五次修订（2007 年）：第十届全国人民代表大会常务委员会第三十一次会议讨论并通过了《关于修订 < 中华人民共和国个人所得税法 > 的决议》，免征额由 1 600 元调整为 2 000 元。

第六次修订（2011 年）：第十一届全国人民代表大会常务委员会第二十一次会议讨论并通过了《关于修改 < 中华人民共和国个人所得税法 > 的决议》，免征额由 2 000 元调整到 3 500 元。

通过上述对各国个人所得税发展历史的梳理可以看出：首先，个人所得税的出现具有一定的历史必然性。其次，在个人所得税制度设置初期，均仅强调个人所得税增加财政收入的职能，调节收入差距的职能几乎没有国家考虑。再次，当个人所得税制度改革进入完善时期时，调节收入分配的职能逐渐成为其主要职能，在宏观经济中发挥了重要的作用。最后，制度的完善需要时间的沉淀和经验的积累。

表 3-13 为个人所得税在世界上发展的总过程，每个阶段对应了不同的改革进度，为我们更好地研究个人所得税的发展历史提供了直观的材料。

表 3-13　个人所得税的发展史

时间		开征所得税的事件
初露端倪	1799 年	英国率先开征所得税，所得税正式走上历史舞台
	1808 年	普鲁士开征所得税
	1810 年	瑞典开征所得税
	1815 年	英国停征所得税
	1842 年	英国重新开征所得税，并逐渐成为固定税种
	1864 年	意大利开征个人所得税
雏形形成	1871 年	德国开征所得税，采用"综合所得所得税"模式
	1886 年	印度、马来西亚、缅甸、斯里兰卡、泰国、印度尼西亚、巴基斯坦等英属南亚和东南亚殖民地开征所得税
	1887 年	日本开征所得税
	1892—1899 年	荷兰、奥地利、丹麦、比利时、西班牙、希腊开征所得税
	1913 年	美国开征所得税
成为主要税种	1916—1917 年	加拿大和俄国开征所得税。俄国十月革命后继续开征所得税
	1918 年	津巴布韦开征所得税
	1922 年	英国开始在埃及和苏丹等英属殖民地征收个人所得税。法国、西班牙、比利时、意大利等随后也开始在各自的殖民地开征所得税
	第二次世界大战期间	各国普遍提高税率和累进程度，降低起征点，所得税成为发达国家的一种大众税和主体税
基本确立	1945—1950 年	各社会主义国家开始实行利润上缴制度。部分国家保留或开征所得税，但只是辅助税种或地方税种，新中国在解放后取消了所得税
	1950—1979	发展中国家在相继独立后，普遍开征所得税
	1965—1979 年	绝大多数发达国家和部分拉美国家及一些发展中国家转向综合所得税制
不断完善	1980 年至今	发达国家普遍降低所得税，对所得税的研究进入一个新阶段，人们开始思考所得的发展方向
	1986—1990 年	美国在 1986 年进行大规模的税改，在全球掀起减税狂潮
	1991 年至今	各国对所得税的改革由单纯减税转向对税收优惠政策的调整

3.3 对我国从宏观经济层面进行个人所得税制度改革的启示

通过上述历史资料的梳理可知，个人所得税产生的直接原因就是为了缓解政府的财政压力，初期的制度设计仅考虑发挥其增加财政收入的职能。但是，随着经济的发展，税收作为调节收入的有效手段，开始在宏观经济中产生影响。经过长时期的发展变化，个人所得税的两大职能逐步稳固，个人所得税作为一种独立的税种成为发达国家的主体税种。所以说我国个人所得税制度的改革任重而道远，既不能一蹴而就，进行跳跃式的发展，也不能停滞不前，固守原有模式。在这里，笔者提供几条参考建议：

首先，不能完全否定现有制度。任何事物的存在都具有两面性，不能因为存在缺陷就对其完全否定。个人所得税在设立之初，我国居民收入普遍较低，收入差距矛盾并不突出。当时，国家的中心任务是迅速抚平战争创伤，充实国库，直接税相较于其他税种，如增值税，在迅速增加财政收入方面略显欠缺，最终导致了直接税在税制改革中占比较低的局面。所以，目前我国税收制度所存在的问题是历史的必然，是每个国家都必须经历的。

其次，税收制度改革不能过于激进。任何制度的改革都应当循序渐进，分阶段进行。个人所得税作为一种直接税，与居民的生活存在直接的联动关系，它的微调会给人民生活带来最直接的影响，影响人民的消费、储蓄等行为。因此，改革的步伐应当尽量放缓，考虑人们的心理承受能力和实际承受力。

最后，我们研究税制改革的最终目的是给国家制定政策提供建议，简单地论证调高或调低没有任何实际意义；应当用长期和发展的眼光看问题，从宏观经济层面，同时结合本国情况，提出切实可行的改革方案。

可考虑从以下几点入手：

其一，m 逐步提高可税收入水平。我国居民收入的货币化、账面化程度较低，相当一部分的居民收入多元化、层次化，现金流通的比例过大。其一部分原因是企业为了有效地为职工规避个人所得税，将支付给个人的一部分货币收入转向提供消费服务的福利形式，这对个人所得税的认定造成了一定的难度。因此，对于这部分收入，我国应借鉴国外征收福利税的做法，由福利提供单位逐一进账，并向税务机关申报纳税，而税务部门按照当期市场价格核查其具体数额，只有已缴纳福利税的支出项目，计征企业所得税时才承认并准予列支，否则不准列支。

其二，完善个人所得税的累进程度。在我国基于分类课税模式的个人所得税中，真正按累进税率课税的只有工资、薪金所得、个体工商户的生产经营所得、对企事业单位的承包和承租经营所得。而且，从最高边际税率来看，工资薪金所得的最高边际税率为 45%，比个体工商户生产经营所得、对企事业单位的承包承租经营所得 35% 的最高边际税率高 10 个百分点，比稿酬所得、特许权使用费所得、利息和股息及红利所得、财产租赁所得、财产转让所得、偶然所得和其他所得税 20% 的税率高 25 个百分点，从而造成不同类型所得税负不均的现象。这不仅为纳税人提供了税收筹划和避税的空间，也影响了所得税的规范性和公平性。因此，随着个人所得税改革的深入，应规范个人所得税的累进程度，使其有效发挥调节收入差距、实现公平的作用。

其三，改进分类综合征管模式。我国可考虑逐步改个人所得税的分类征管模式为分类综合征管模式，以解决分类征管模式带来的不公平问题，同时减少它导致的税收流失。分类综合征管模式既像分类征管一样对收入所得按照不同性质采用不同的税率，又考虑了纳税人的支付能力，并且要求高收入纳税人填报年度申报表。这种课税模式在一定程度上结合了分类征管制和综合正管制的优点，有利于促进我国个人所得税调节收入分配职能的有效发挥。

第4章 基于宏观经济层面的个人所得税费用扣除标准比较及预测

基于宏观经济的视角，进行个人所得税制度的研究，首要的切入点即为费用扣除标准的制定。费用扣除标准的变化会使个人所得税总量发生变化，进而对宏观经济产生影响。本章节以介绍个人所得税费用扣除标准的理论依据为出发点，分析世界典型国家如何设置该项标准，结合实际情况，笔者认为我国应当采用贫困线标准作为该项费用扣除标准制定的参考依据。采用该方法确定费用扣除标准时，要结合国际经验，对比得出贫困线与个人所得税费用扣除标准之间的比例关系，最终确定费用扣除标准的计算模型。

4.1 个人所得税费用扣除标准 ① 的理论依据

要想完善个人所得税费用扣除标准，首要前提为掌握其理论依据，我们从四个方面阐述个人所得税费用扣除标准的理论依据。

---

① 免征额即我国个人所得税法规定的"费用扣除标准"，与"起征点"是两个完全不同的概念。起征点是指税法规定的对课税对象开始征税的最低界限。当课税对象数额低于起征点时，无须纳税；当课税对象数额高于起征点时，就要对课税对象的全部收入征税。免征额是对个人收入征税时允许扣除的费用限额。当个人收入低于免征额时，无须纳税；当个人收入高于免征额时，则对减去免征额后的个人收入征税。所以，免征额和起征点不是同一个概念。

4.1.1 用以维持最基本的生活水平

根据个人所得税课税原则，人们维持基本生活的支出应当从个人当期应纳税款中扣除，这些维持人们基本生活的费用就是我们一般意义上所说的费用扣除标准。按照人性化的设计原则，当人们的基本生活费用提高时，个人所得税的费用扣除标准应当相应地提高。政府的课税行为不能使人民无法维持基本的生活质量，应允许人民有最基本生活费用的保留。理论上，个人所得收入如果没有达到得以维持基本生活费用的标准，无须计征个人所得税。费用扣除标准的设立不仅保证了人们的最低生活需求，还可以使低收入者适用的有效税率趋于缓和，在某种程度上促进累进效应的发挥。Pechman（1987）认为，免征额、扣减额与标准扣除额合计组成了最低纳税标准，如果个人的收入所得低于此标准，则无须缴纳个人所得税；英国学者约翰·米勒、德国学者瓦格纳也主张扣除基本生活费用后才对剩余所得进行征税。

4.1.2 用以获取所得的必要成本

在进行个人所得税费用扣除标准设置时，还要充分考虑人们用以实现最低收入所花费的必要支出。实现收入的成本主要包括个人在获取所得前所必需的生活开支，如食品支出、衣着支出、上班所需的交通费用、使用交通工具需要支付的燃油费用等，还有为方便工作支付的房屋租金，照顾孩子支付的保姆费用，以及孩子的教育支出和他们的服装费用支出等。Chirelstein（1979）认为个人所得税应针对净所得纳税，个人赚取所得时的成本支出理应在税前扣除，而与赚取所得无关的成本则不应当在税前扣除，但税法规定的可以在税前扣除的项目除外。Due（1977）认为工薪阶层为了获得收入所必须支出的费用属于为获取所得所支付的必要费用，可以在税前扣除。但是，无论是在理论上还是在实践当中，要完全将成本和消费支出划分清晰都很困难，因此，他赞成实行定额扣除。

4.1.3 考虑到量能课税原则

量能课税原则是通过法律手段反映的个人所得税理论依据，充分体现了宪法的公平原则，它指的是税收制度设置既要实现财政功能，也要满足其调节手段的需要。当纳税人遭逢重大意外损失时，为了减轻纳税人的税收负担，应将其损失从当年年度的应税所得中减除。Smith（1961）年认为对重大损失扣除的设立是基于正确衡量纳税能力的观点，因为它并非取得所得的必要成本，而是出于对社会生活存在的一般风险的考虑，是基于正确衡量所得的观点，这可以看作政府为了减轻纳税人负担而实行的税收优惠措施。Due（1977）认为，灾害损失是负所得项目，理应从正所得项目中扣除。Garden（1989）提道，准许将意外损失扣除列入税前扣除项目，是因为没有获得保险赔偿部分的损失会降低纳税人个人纳税能力，如果不予扣除，则无法正确衡量纳税人的税负能力 [①]。该项理论主要体现为医疗、灾害损失的扣减规定。

4.1.4　基于社会政策鼓励性质

个人所得税制度的很多扣除项目都是基于政策鼓励目的而存在的，如大家比较常见的慈善捐赠、教育、文化、宗教和福利的扣除设计等。基于社会政策鼓励性质的扣除项目属于税收支出范畴，政府以减税的方式给予一定的补贴，以税收激励的方式鼓励纳税人多从事特定的社会活动。各国个人所得税费用扣除制度设计中，基于此目的项目包括捐赠、保险费、自用住宅购房借款利息、储蓄投资扣除额等。支持该种理论的学者如 Taussing（1967）和 Smith（1961）认为，基于政策鼓励目的允许在所得中进行税前扣减，可代替较大的政府直接支出，是很有必要的。但是，也有一些学者反对该观点，认为这种税前扣除额的存在是与税收的量能原则相悖的，容易造成纳税人之间的不公平。为了避免这种不公平现象的出现，在设计该项扣除额时，一般在应数量上规定上限。

4.2　个人所得税费用扣除内容界定

按照个人所得税税收法律规定，纳税人主要分为居民纳税人和非居民纳税人。二者承担的纳税义务有所差别，为了合理和有效地区分居民纳税人和非居民纳税人，我国参考国际惯例，同时结合自身国情，对居民纳税人和非居民纳税人进行了划分。划分标准为时间标准和居住标准。

时间标准是指纳税人在一个国家或地区实际居住的有效天数。在现实生活中，有相当比例的人在一个国家或地区没有住所，但却在该国停留了较

[①]　Garden, Wayland D（1989）, Government Finance, State, and Local[J], New York, 294-296.

长的时间，同时还取得了一定的收入，那么，这个国家或地区就应该视其为居民，对其行使税收管辖权。因此在各国的个人所得税的税收实践中，形成了以个人居住时间的长短作为衡量居民与非居民的标准。我国的个人所得税法也采用这一标准。个人所得税法规定，如果个人在我国居住满365天，即按照我国居民承担纳税责任。在具体计算居住天数时，临时离境①的天数不予扣减。

住所标准强调惯性居住②行为，我国现行税法采用的标准就是按照该标准来执行的。时间标准和住所标准是判断是否是居民纳税人的两个并行条件，只要满足其中一个条件，按照我国税法规定即为居民纳税人，需要按照居民纳税人身份缴纳个人所得税。

居民纳税人和非居民纳税人对我国政府承担着本质上不同的纳税义务。一般说来，居民纳税人无论其所得来自中国境内还是境外，均需缴纳个人所得税，而非居民纳税人则只需按照来源于中国境内的所得缴纳个人所得税，关于所得来源地和来自中国境内的所得，我国税法给出了详细的说明。所得来源地见表4-1。

表4-1　个人所得税来源地判断标准

所得类型	来源地判断标准
工资、薪金所得	以纳税人任职、受雇的公司、企业、事业单位、机关、团体、部队、学校等单位的所在地为所得来源地
生产、经营所得	以生产、经营活动实现地为所得来源地
劳务报酬所得	以纳税人实际提供的劳务地点为所得来源地
不动产转让所得	以不动产坐落地为所得来源地
动产转让	以实现转让的地点为所得来源地
财产租赁所得	以被租赁财产的使用地为所得来源地
利息、股息、红利所得	以支付利息、红利、股息的企业、单位、组织所在地为所得来源地
特许权使用费所得	以特许权的使用地为所得来源地

①　临时离境是指在一个纳税年度内，一次不超过30天或者多次累计不超过90天的离境。

②　习惯性居住是指个人因为学习、工作、探亲等原因消除以后，没有理由在其他地方继续居留时，所要回到的地方，而不是指实际居住或在某一特定时间内的居住地，这是判断纳税人是否是居民的重要依据。

是否是来源于中国境内的所得主要有以下几个判断标准：

第一，在中国境内的公司、企业、事业单位、机关、社会团体、部队、学校等单位或经济组织中任职、受雇而取得的工资、薪金所得；

第二，在中国境内提供各种劳务而取得的劳务报酬所得；

第三，在中国境内从事生产、经营活动而取得的所得；

第四，个人出租的财产、被承租人在中国境内使用而取得的财产租赁所得；

第五，转让中国境内的房屋、建筑物、土地使用权，以及在中国境内转让其他财产而取得的财产转让所得；

第六，提供在中国境内使用的专利权、专有技术、商标权、著作权，以及其他各种特许权利而取得的特许权使用费所得；

第七，因持有中国的各种债券、股票、股权而从中国境内的公司、企业或其他经济组织以及个人取得的利息、股息和红利所得。

非居民纳税人适用前两条。

个人所得税的计征对象。按照税法规定，个人所得税的征税对象为个人取得的应纳税款所得。根据《中华人民共和国个人所得税法》和《中华人民共和国所得税实施条例》，笔者整理了我国个人所得税的征税对象和征税范围，共 11 项，见表 4-2。

表 4-2　我国个人所得税征税对象和征税范围 ①

工资、薪金所得	应税项目：除工资、薪金外，奖金、年终加薪、劳动分红、津贴、补贴也按工资、薪金缴纳个人所得税
	不予征税或者免税的项目：独生子女补贴，执行公务员工资制度未纳入基本工资总额的补贴、津贴差额和家属成员的副食补贴，托儿补助费，差旅费津贴、误餐补助
	特殊规定：①实行内部退养的个人在办理内部退养手续后至法定离退休年龄之间从原任职单位取得的工资、薪金，按工资、薪金所得计征个人所得税。办理内退手续后从原单位取得的一次性收入应按办理内退手续后至法定离退休年龄之间的所属月份进行平均，并与领取当月的工资、薪金所得合并后减除当月费用扣除标准，以余额为基数确定适用税率，再将当月工资、薪金加上取得的一次性收入，减去费用扣除标准，按适用税率计征个人所得税；办理内退手续后至法定离退休年龄之间重新就业取得的工资、薪金所得，应与其从原单位取得的同一月份的工资、薪金所得合并，并依法自行向主管税务机关申报个人所得税。②退休人员再任职取得的收入，在减除按税法规定的扣除标准后，按"工资、薪金所得"应税项目缴纳个人所得税。③公司职工取得的用于购买国有股权的劳动分红按工资、薪金计征个人所得税。④单车承包或承租方式运营，出租车驾驶员从事客货营运取得的收入按工资、薪金计征个人所得税。⑤企业和单位对营销业绩突出的雇员以培训班、研讨会、工作考察等名义组织旅游活动，通过免收差旅费、旅游费对个人实行的营销业绩奖励（包括实物、有价证券等），全额并入营销人员当期的工资、薪金，按工资、薪金计征个人所得税
个体工商户的生产、经营所得	①个体工商户从事工业、手工业、建筑业、交通运输业、商业、饮食业、服务业、修理业以及其他行业生产、经营取得的所得。②个人经政府有关部门批准，取得执照，从事办学、医疗、咨询以及其他有偿服务活动取得的所得。③上述个体工商户及个人取得的与生产经营有关的各项应税所得。④其他个人从事个体工商业生产、经营取得的所得
	特殊规定：①个体工商户从事种植业等项目，已征收了农业税、牧业税的，不再征收个人所得税。不属于农业税、牧业税征收范围的，应对其所得与其他行业的生产经营所得合并计征个人所得税。②从事个体出租车运营的出租车驾驶员取得的收入，按个体工商户的生产经营所得缴纳个人所得税；个人因从事彩票代销业务取得的所得，按"个体工商户的生产、经营所得"项目计征个人所得税。③出租车属于个人所有但向挂靠单位缴纳管理费或出租车经营单位将出租车所有权转移给驾驶员的，出租车驾驶员从事客货运营取得的收入，比照个体工商户的"生产、经营所得"项目征税。④个体工商户和从事生产经营的个人，取得与生产经营活动无关的其他各项应税所得应分别按照有关规定，计算征收个人所得税。例如，取得银行存款的利息所得、对外投资取得的股息所得，应按"利息、股息、红利所得"项目的规定单独计征个人所得税

---

① 资料来源：《中华人民共和国个人所得税法》《中华人民共和国所得税暂行条例》。

对企事业单位的承包、承租经营所得	①个人对企事业单位承包、承租经营后，工商登记改变为个体工商户的，应按个体工商户的"生产、经营所得"项目征收个人所得税。②个人对企事业单位承包、承租经营后，工商登记仍为企业的，不论分配方式如何，均应先按照企业所得税的有关规定缴纳企业所得税，然后再根据有关规定缴纳个人所得税
劳务报酬所得	劳务报酬所得是指个人从事设计、装潢、安装、制图、化验、测试、医疗、法律、会计、咨询、讲学、新闻、广播、翻译、审稿、书画、雕刻、影视、录音、录像、演出、表演、广告、展览、技术服务、介绍服务、经纪服务、代办服务以及其他劳务取得的所得
	特殊规定：①个人担任董事职务所取得的董事费收入分两种情形，即个人担任公司董事、监事，且不在公司任职、受雇的情形，属于劳务报酬性质，按"劳务报酬所得"项目征税；个人在公司（包括关联公司）任职、受雇，同时兼任董事、监事的，应将董事费、监事费与个人工资收入合并，统一按"工资、薪金所得"项目缴纳个人所得税。②在校学生因勤工俭学活动取得属于应税所得项目的所得，应依法缴纳个人所得税。③企业和单位对营销业绩突出的非雇员以培训班、研讨会、工作考察等名义组织旅游活动，通过免收差旅费、旅游费对个人实行的营销业绩奖励（包括实物、有价证券等），应以所发生费用的全额作为该营销人员当期的劳务收入，按"劳务报酬所得"项目征税
稿酬所得	稿酬所得指个人的作品以图书、报刊形式出版或者发表而取得的收入
	特殊规定：①任职、受雇于报刊等单位的记者、编辑等专业人员，在本单位的报纸、杂志上发表作品取得的所得，应与其当月工资收入合并按"工资、薪金"项目征税；其他人员在本单位的报纸、杂志上发表作品取得的所得，应按稿酬项目征收个人所得税。②出版社专业作者的作品，由本社以图书形式出版取得的稿费收入按"稿酬"项目征收个人所得税
特许权使用费所得	特许权使用费所得指个人提供专利权、商标权、著作权、非专利技术及其他特许权的使用权取得的所得。特许权主要包括以下四种权利：专利权、商标权、著作权、非专利技术。提供著作权的使用权取得的所得不包括稿酬所得，对于作者将自己的文字作品手稿原件或复印件公开拍卖（竞价）取得的所得，属于提供著作权的个人取得特许权的经济赔偿收入，应按"特许权使用费所得"应税项目缴纳个人所得税，税款由支付赔款的单位或个人代扣代缴。使用所得应按特许权使用费所得项目征收个人所得税。从 2002 年 5 月 1 日起，编剧从电视剧制作单位取得的剧本使用费，不区分剧本的使用方是否为其任职单位，统一按特许权使用费所得项目征收个人所得税
利息、股息、红利所得	利息、股息、红利所得指个人拥有的债权、股权而取得的利息、股息、红利所得。利息是指存款、贷款和债权的利息。个人从银行及其他储蓄机构开设的用于支付电话、水、电、煤气等有关费用，或者用于购买股票等方面的投资、生产经营业务往来结算以及其他用途，取得的利息收入，应依法缴纳个人所得税，税款由结付利息的储蓄机构代扣代缴；股息、红利是指个人拥有的股权所取得的公司分红，按照一定的比例派发的每股息金

财产租赁所得	财产租赁所得是指个人出租建筑物、土地使用权、机械设备、车船以及其他财产所得。个人取得的财产转租收入属于"财产租赁所得"项目的征税范围。确定财产租赁的纳税义务人，应当以产权凭证为依据，对无产权的纳税人，根据主税务机关核查的实际情况来定；产权所有人过世，在没有办理产权继承手续期间，该财产出租获得的租金所得，以领取租金的个人为纳税义务人
财产转让所得	财产转让所得指个人转让有价证券、股权、建筑物、土地使用权、机器设备、车船以及其他财产取得的所得。具体规定如下：①对股票转让所得暂不征收个人所得税。②量化资产股份转让。集体所有制企业在改制为股份合作制企业时，对职工个人以股份形式取得的拥有所有权的企业量化资产，暂缓征收个人所得税，待个人将股份转让时，就其转让收入额，减除个人取得该股份时实际支付的费用支出和合理转让费用后的余额，按"财产转让所得"项目计征个人所得税。③个人出售自有住房。 a、个人出售自有住房取得的收入应按"财产转让所得"项目征收个人所得税。 b、个人出售已购公有住房，其应纳税所得额为个人出售已购公有住房的销售价，减除住房面积标准的经济适用房价款、原支付超过住房面积标准的房价款、向财政或原产权单位缴纳的所得收益以及税法规定的合理费用后的余额。 c、职工以成本价（或标准价）出资的集资合作建房、安居工程住房、经济适用住房以及拆迁安置住房，比照已购公有住房确定应纳税所得额。 d、为鼓励个人换购住房，对出售自有住房并拟在现住房出售后1年内按市场价重新购房的纳税人，其出售现住房所应缴纳的个人所得税，先以纳税保证金形式缴纳，以后视其重新购房的价值可全部或部分予以免税。个人出售现住房后1年内未重新购房的，所缴纳的纳税保证金全部作为个人所得税缴入国库。 e、对个人转让自用5年以上并且是家庭唯一生活用房取得的所得，继续免征个人所得税。 f、个人现自有住房房产证登记的产权人为1人，在出售后1年内又以产权人配偶名义或产权人夫妻双方名义按市场价重新购房的，产权人出售住房所得应缴纳的个人所得税，全部或部分免税；以其他人名义按市场价重新购房的，产权人出售住房所得应缴纳的个人所得税，不予免税
偶然所得	偶然所得是指个人得奖、中奖、中彩以及其他偶然性的所得
其他所得	除了上述10项个人应税所得外，对于在实际情况中出现的新项目以及难以界定的项目，由国务院财政部确定

　　个人所得税规定的税收减免项目。按照《中华人民共和国个人所得税法》和《中华人民共和国所得税实施条例》，我国对个人所得税的减免主要分为免征项目、暂时免征项目和减征项目，具体规定见表4-3。

表 4-3　我国个人所得税的减免项目

个人所得税的免征项目	1. 省级人民政府、国务院和中国人民解放军军以上单位，以及国外组织、国际组织颁发的科学、教育、科技、文化、卫生、体育、环境保护等方面的奖金
	2. 国债和国家发行的金融债券利息
	3. 按照国家统一规定发给的补贴、津贴①
	4. 福利费、抚恤金、救济金②
	5. 保险赔款
	6. 军人的转业费、复员费
	7. 按照国家统一规定发给干部、职工的安家费、退休费、退休工资、离休工资、离休生活补助费
	8. 按照国家法律规定应予以免税的各国驻华使馆、领事馆的外交代表、领事官员和其他人员的所得③
	9. 中国政府参加的国际公约、签订的协议中规定的免税所得
	10. 经国务院财政部门批准的其他免税所得
暂时免征个人所得税项目	1. 外籍人员以非现金形式或实报实销形式取得的住房补贴、伙食补贴、搬迁费和洗衣费
	2. 外籍人员按照合理标准取得的境内、境外出差补贴
	3. 外籍人员取得的探亲费、语言训练费、子女教育费等，按照当地税务机关审核为合理的部分
	4. 外籍人员从外商投资企业取得的股息、红利所得
	5. 凡符合以下条件之一的外籍专家取得的工资、薪金所得，免征个人所得税。①根据世界银行专项贷款协议由世界银行直接派驻我国工作的外交专家；②联合国组织直接派驻我国工作的专家；③为联合国援助项目来华工作的专家；④援助国派驻我国的专为该国援助项目工作的专家；⑤根据两国政府签订的文化交流项目来华工作两年以内的文教专家，其工资、薪金所得由该国负担的；⑥根据我国大专院校国际交流项目来华并工作两年以上的文教专家，其工资、薪金所得由该国负担的
	6. 个人举报、协查各种违法、犯罪行为而获得的奖金
	7. 个人办理代扣代缴手续，按规定取得的扣缴手续费
	8. 个人转让自用 5 年以上并且是唯一的家庭生活用住房取得的所得
	9. 对个人购买的福利彩票、体育彩票，一次中奖收入在 1 万元以下含 1 万元．暂免征收个人所得税，超过 1 万元的全额征收个人所得税

① 按照国家统一规定发给的补贴、津贴是指按照国务院规定发给的政府特殊津贴、院士津贴、资深院士津贴以及国务院规定的免于缴纳个人所得税的其他补贴、津贴。

② 福利费是指根据国家有关规定，从企业、事业单位、国家机关、社会团体提留的福利费或者工会经费中支付给个人的生活补助费；救济金是指各级人民政府民政部门支付给个人的生活困难补助费。

③ 按照国家法律规定应予以免税的各国驻华使馆、领事馆的外交代表、领事官员和其他人员的所得是指依照《中华人民共和国外交特权与豁免条例》和《中华人民共和国领事特权与豁免条例》规定的免税所得。

暂时免征个人所得税项目	10. 达到离休、退休年龄，但确因工作需要，适当延长退休时间的高级专家，在延长退休期间所获工资、薪金所得，视同离休、退休期间的工资薪金，免征个人所得税
	11. 对国有企业职工，因企业破产取得的一次性安置费收入，免征个人所得税
	12. 国有企业职工与企业解除劳动合同时取得的一次性补偿收入，在当地上一年企业职工年平均工资的 3 倍数额内的，免征个人所得税，超过该标准的，全额征收个人所得税
	13. 城镇企业、事业单位以及职工个人按照《失业保险条例》规定的比例，实际缴付的失业保险，不计入职工当期的工资、薪金收入，免征个人所得税
	14. 失业人员领取的失业保险免征个人所得税
	15. 下岗职工从事社区居民服务业取得的经营所得和劳务报酬，从领取税务登记证之日起，从事独立劳务服务的自其持下岗证明在当地主管税务机关备案之日起，3 年内免征个人所得税，但第一年免征期满以后，须由县级以上主管税务机关就免税主体及范围按规定逐年审核，符合条件的，可继续免征 1～2 年
	16. 对出售自有住房并拟在现有住房出售后 1 年内按照市场价格重新购买住房的纳税人，其出售现有住房所应缴纳的个人所得税，其重新购房的价值可全部或者部分予以减免个人所得税
减征个人所得税项目	1. 残疾、孤寡老人、军烈属的劳动所得、从事个体工商的生产和经营所得、承包经营和租赁经营所得以及劳务报酬所得和特许权使用费所得
	2. 因重大自然灾害造成的重大损失
	3. 其他经国务院财政部批准减税的项目

上表主要介绍了个人所得税具体的减免项目，这类减免可以看作国家个人所得税特殊扣除的其他规定。依据国际惯例，个人所得税的减免在实践中体现为：第一，基本生计扣除；第二，成本费用扣除；第三，附加扣除。基本生计扣除也可以等同于个人所得税的免征额，或者称之为个人所得税的费用扣除标准。免征额或费用扣除标准是指按照税法规定的应纳税所得中免于征收税款的部分，对国家税法规定的免征额部分不征收个人所得税，超过免征额部分要征收个人所得税。在实施免征额规定时，不考虑纳税人的实际收入的多少，计算个人所得税时，均可以按扣除免征额的数额缴纳税款。其设立的目的就是保证纳税人在缴纳税款以后，基本的生活质量不受影响，这主要体现了量能纳税的税收原则。国家的生存和发展权是以人民的生存与发展权为基础的，二者是整体与部分的关系。

4.3　个人所得税扣除标准的实践准则

世界各国国情存在差异，因此课税模式选择也存在差异，个人所得税费用扣除项目也不尽相同，虽然扣除项目内容较多，但也有一定的规律可循。例如，实行分类所得税制度的国家在费用扣除上倾向于按照所得类别分项确定扣除，纳税人在缴纳所得税前需列明费用支出项目的种类以及金额，然后参照税法规定，在允许的范围内扣除。而实行综合所得税制度的国家则习惯就个人的全部收入，根据统一标准先行扣除，也就是设定一个固定的数额，所有纳税人均可在税前扣除。由于世界上实行分类所得税制度的国家极少，再加上分类扣除难以形成统一的标准，我们在研究个人所得税费用扣除项目时的重点为实行综合所得税制度的国家。按照所得税的理论基础，所得税的应纳税所得为净所得，也就是说我们在计算个人所得税时，应当从个人的毛所得中扣除必要的支出费用，这样做的目的是弥补纳税人为了取得收入所花费的成本，或者满足纳税人最基本的生活需要。通过对历史资料的梳理，我们把个人所得税费用扣除项目分为以下三个部分：成本费用扣除、生计费用扣除和特许费用扣除[①]。按照税法上的统一称呼，上述三项分别为经营费用、个人宽免和非经营费用。

4.3.1　经营费用的扣除

经营费用扣除是指为了补偿纳税人为了获得收入所支出的必要成本开支。按照国际通行惯例，这一部分费用扣除一般按照实际支出的成本列支，或者在税务征缴部门规定的限额内扣除。我们所接触的最常见的成本费用扣除项目主要包括前往工作地点所花费的交通费用、使用交通工具所必要的燃料费用、为了保证体力的食物费用、为了工作目的所支付的房屋租金、为了因工作无法照顾孩子而需要支付的保姆费用、教育经费的支出、服装费用等。

从各国涉及经营费用扣除的规定来看，经营费用的范围是极其宽泛的，只要与经营有关的任何费用，如与经营有关的差旅费、汽车费、律师费以及招待费，均可在税前列支，有些国家还对经营费用的扣除额度规定了最高标

---

① 　许建国，李大明，庞凤喜 . 中国税制 [M]. 北京：中国财政经济出版社，2001.

准。经营费用是只有居民纳税人才可以享受的一种费用扣除项目，非居民纳税人无法享受该种税收优惠，但是美国、荷兰等少数国家则允许非居民纳税人享受这项税收优惠。表4-4为世界各国对经营费用的扣除规定。

表4-4　各国对经营费用扣除的规定

扣除方法	国家和地区
标准扣除	1. 定额扣除 奥地利（超过限额部分扣除需要证明）、印度（所得超过一定限额的不享受）、日本（自营、个人分项扣除）、列支敦士登、马耳他、特立尼达和多巴哥（普通雇员标准扣除，自营者分项扣除）。 2. 比率扣除 科特迪瓦、摩洛哥（有上限）、保加利亚、喀麦隆、巴拿马（有上限）、波兰（有上限）。 3. 综合扣除 中国（不分经营或者非经营费用，部分所得类别适用）、意大利、斯洛文尼亚、乌克兰。
分项扣除	阿根廷、澳大利亚、巴巴多斯、加拿大、智利（需要凭证）、刚果（只有工薪所得可以扣除费用，并且不得超过所得额的15%）、克罗地亚、塞浦路斯、丹麦、多米尼亚、爱沙尼亚、斐济、芬兰、德国、加纳、危地马拉、中国香港、匈牙利、印度尼西亚（有限额）、伊朗（除了年度基础扣除外，只有两项费用可以扣除）、爱尔兰、以色列、牙买加、肯尼亚、韩国、立陶宛、卢森堡、马拉维、马来西亚、马耳他、毛里求斯（有限额）、纳米比亚、尼日利亚、挪威、巴布亚新几内亚、葡萄牙、波多黎各（有上限）、俄罗斯、塞内加尔、新加坡、所罗门群岛、南非、西班牙、斯里兰卡、瑞典、坦桑尼亚、英国、美国、委内瑞拉、赞比亚
自行选择	比利时（定额或分项）、哥斯达黎加（只有自营个人适用，选择定率扣除或者分项扣除）、法国（比率或者分项）、荷兰（比率扣除，有下限和上限；或者分项扣除）、新喀里多尼亚（比率或分项）、菲律宾（只有工薪所得的纳税人不适用，比率或者分项）、瑞士（定额或分项）
未规定该扣除	玻利维亚、博茨瓦纳、哥伦比亚、希腊、哈萨克斯坦、中国澳门（只有自营个人在缴纳自营税时可以扣除）、墨西哥、莫桑比亚、新西兰（雇佣所得没有扣除项目）、秘鲁、罗马尼亚、斯洛伐克（国外专家可以定率扣除）、中国台湾、泰国、土耳其、乌干达、乌兹别克斯坦、越南、津巴布韦
允许非居民扣除	美国、荷兰、波多黎各

4.3.2　个人宽免额的扣除

生计扣除也就是我们所讲的一般意义上的个人宽免额，在我国，我们称之为个人所得税免征额，它的设立是为了保证纳税人个人及其家庭正常生活费用支出，其实质就是为了保障个人和家庭的基本生活。个人宽免额的扣除是国家在制定个人所得税制度时，对纳税人基本生活质量保证的考虑，主要为了实现以下几个目的：首先，优先考虑最低收入阶层，保证最低收入阶层的基本生存不受影响；其次，确保最大限度地发挥个人所得税税率的累进性；再次，考虑居民纳税人实际家庭负担的高低，以期最大限度地减轻纳税人由于家庭负担过重造成的税收负担较重；最后，更好地体现税收的公平原则，从源头把控，通过调整个人收入差距，减小不同阶层的社会矛盾。

由于各国国情的不同，个人宽免扣除所采用的标准也不同，但大都考虑以下因素，如纳税人的配偶情况、需要抚养的子女数量、需要赡养的老人数量，有些国家还会考虑家庭中需要照顾的残疾人的情况，所以，个人宽免额的规定具有很强的灵活性。虽然具有较强的灵活性，但基本原则均相同，即先确定扣除基础，然后根据配偶、子女、老人、被抚养者以及残疾人等情况设置各种标准进行相应的减免。在扣除方式上，一般按照定额扣除的方式，即规定一个统一的数额，允许在计算个人所得税应纳税款之前进行扣除。但也有个别国家采用不同的形式，如泰国采用比率扣除，而尼日利亚等少数国家采用定额与比率相结合的扣除方式，加拿大、意大利等国家则采用以税收抵免的形式给予个人宽免[1]。具体内容见表 4-2 所示，表 4-5 总结了世界上相关国家和地区关于个人所得税个人宽免额的一些特殊规定。

表 4-5　个人所得税个人免征额例外情况表[2]

例外情况	国家和地区
未规定个人宽免额	博兹瓦纳、保加利亚、智利（只有雇员每月可以扣除 5 美元）、哥伦比亚、刚果、芬兰、希腊（针对儿童有相应的税收减免）、印度、牙买加、墨西哥、莫桑比克、纳米比亚、挪威（儿童有专项宽免额）、塞内加尔、坦桑尼亚、乌干达、越南、津巴布韦

---

① 王晓红 . 完善个人所得税制度研究 [M]. 北京：经济科学出版社 ,2008.

② 夏琛舸 . 所得税的历史分析和比较研究 [M]. 大连：东北财经大学出版社 ,2003.

例外情况	国家和地区
不考虑家庭因素	玻利维亚、中国、匈牙利、科特迪瓦、肯尼亚、马拉维、秘鲁、波兰、罗马尼亚、所罗门群岛、瑞典、特立尼达和多巴哥、土耳其、乌兹别克斯坦
非居民可扣除个人宽免	毛里求斯（非居民为本国公民的，可以扣除基本宽免）、荷兰、美国（非居民的个人宽免项目和数额远少于居民）
以税收抵免形式给予个人宽免	加拿大、意大利

4.3.3　非经营费用的扣除

非经营费用是为了照顾纳税人的特殊消费需求，或者是为了体现个人所得税的人性化而进行的特别设置。关于个人所得税的特许费用的规定各国标准均不相同，但下列费用为必要扣除费用，如医疗费用支出、教育费用支出、慈善捐款、灾害损失和人寿保险费用以及其他按照税法规定可以扣除的项目。

税法规定的非经营费用主要包括慈善捐款、儿童看管费用、赡养费、住房抵押贷款、医疗支出费用、教育支出费用以及社会保障税等。世界上大多数国家都对非经营费用有额度限制，只除了儿童看管费用和赡养费。除了美国、卢森堡外，其他国家都不允许非居民纳税人享受非经营费用的扣除。在费用扣除标准上一般国家采用分项扣除，只有极少数国家采用标准扣除，或者允许纳税人自行选择实施标准扣除还是分项扣除，见表4-6。

表4-6　少数国家和地区的扣除情况

扣除方法	国家和地区
标准扣除	刚果（雇员应税收入的20%）、科特迪瓦（应税所得的20%，另有若干限制规定）、赞比亚
选择标准扣除或者分项扣除	波多黎各、中国台湾、美国、委内瑞拉
未规定该扣除项目	安提瓜、多米尼加、哈萨克斯坦、中国澳门、新西兰、巴布亚新几内亚、罗马尼亚、坦桑尼亚、越南
非居民可扣除	卢森堡（可扣除社会保障税，但有限额）、美国（有限制规定）

4.4　个人所得税费用扣除标准国别比较

4.4.1　美国个人所得税的费用扣除标准

众所周知，美国的个人所得税法是世界上最为复杂的税收法律，同时也是世界上公认的最为完善的个人所得税法。在美国，每个月的纳税期间，需要缴纳个人所得税的美国公民（几乎包括每一个美国公民）都需要花费大量的时间填写个人所得税申报表。每年的 4 月 15 日是美国缴纳个人所得税的最后期限，纳税人需要在 4 月 15 日以前，按联邦税法的规定，进行所得税的汇算清缴。美国个人所得税的应纳税所得额被称之为调整后收入（the adjusted income）。在计算个人所得税以前，要对个人收入进行调整，税法对于税前可以扣除的项目进行了详细的规定，总共涉及 13 项，具体如下：

第一项：教师以及从事教育的工作者，在校（仅限小学和中学）任职连续超过 900 个小时，自行购买教学相关器材时，可以按照每人 250 美元的标准进行税前扣除，如果夫妻双方都符合标准，那么可以联合申报，如若有超出部分，超出的部分可在分项扣除中列支。

第二项：表演艺术家以及符合要求的其他职业。①表演艺术家和符合要求的其他职业者，在支付与工作相关的费用时，可以在税前进行相应的调整，其中表演艺术家要求在纳税年度内为两个及以上的雇主服务，从每个雇主得到的最低收入为 200 美元，并且，要求与工作有关的花费超过表演收入的 10%，调整后的收入要低于 16 000 美元，夫妻双方如果均符合要求，则不允许单独申报；②国民警卫队或预备役成员，包括空军、海军、陆军、海岸警卫队、海军陆战队预备役成员以及陆军国民警卫队、空军国民警卫队或公共卫生服务储备队，整个家庭 100 英里以内的旅行费用可在税前列支；③享受公职待遇（全部或者部分享受）的政府工作人员，与工作有关的支出均可扣除。

第三项：传统个人退休账户纳税人可以选择传统的个人退休账户或者其他任何形式的个人退休账户，或者两者均选择，但是，规定退休账户缴纳金额不能超过个人收入或者不能超过每年收入的最大额，美国国会每年会公布当年的数额。2014 年、2013 年为不超过 49 岁（包括 49 岁）5 500 美元，超过 50 岁（包括 50 岁）为 6 500 美元，2014—2018 年为不超过 49 岁（包括 49 岁）5 000 美元，超过 50 岁（包括 50 岁）为 6 000 美元；

第四项：学生贷款利息。学生贷款利息的税前扣除必须符合以下要求：第一，纳税人必须拥有借款人出具的，由税务征收部门提供的纳税人缴纳税款记录表；第二，作为税收减免的学生贷款利息每年不得超过 2 500 美元；第三，税收减免的数额与个人收入多少有直接关联。美国国会每年都会公布具体的数额规定，见表 4-7，表 4-8。表 4-7 为 2014 年学生贷款利息扣除额的收入阈值，表 4-8 为 2020 年学生贷款利息扣除额的收入阈值。通过表 4-7 和表 4-8 我们可以看出，美国在制定时学生贷款利息扣除额的收入阈值，会通过人为手段剔除通货膨胀的影响。如果当年纳税人调整后的收入小于税法规定的最小值，可以按照 2 500 美元的额度进行扣除。如果纳税人调整后的收入逐渐渐进或者远离阈值的限制规定，那么扣除额可以按照比例分摊。如果纳税人的收入超过了阈值的最高值，那么不可以享受这部分的税收减免。

表 4-7　2014 年美国税法关于学生贷款利息扣除额的收入阈值[①]（单位：美元）

申请者状态	收入阈值下限	收入阈值上限
夫妻联合申报	130 000	160 000
丧偶	65 000	80 000
户主	65 000	80 000
单身	65 000	80 000
夫妻单独申报	N/A	N/A

表 4-8　2020 年美国税法关于学生贷款利息扣除额的收入阈值（单位：美元）

申请者状态	收入阈值下限	收入阈值上限
夫妻联合申报	140 000	170 000
丧偶	70 000	85 000
户主	70 000	85 000
单身	7 000	85 000
夫妻单独申报	N/A	N/A

---

① 　资料来源：http://taxes.about.com/od/deductionscredits/qt/studentloanint.htm。

第五项：学费[①]纳税人可以在税前扣除纳税人自己、配偶或者抚养人的学费开支。任何形式的学费，只要符合美国关于居民纳税人的规定，父母可以一直申请税收减免直到抚养的子女成年。但是，如果夫妻单独申报税收返还，则不适用该项规定。该项税收减免没有时间和学校限制，也不分是全日制学生还是在职学生，均可享受此项优惠，就算是纳税人只上一节课也可申请税收减免。但是，纳税人必须在开学前 3 个月申请。体育、游戏或者与学术无关的费用，如艺术花费和保险费用等不可以扣除，书本费、计算机等器材花费不可以扣除。税法规定，每年纳税人可以申请的这部分税收减免为 4 000 美元，具体规定如下：①单独申报收入不超过 65 000 美元，夫妻联合申报收入不超过 130 000 美元的，最高减免额为 4 000 美元；②单独申报收入在 65 000 美元到 80 000 美元之间，夫妻联合申报不超过 160 000 美元的，最高减免额为 2 000 美元；③单独申报收入超过 80 000 美元，联合申报超过 160 000 美元的，则不享受税收减免。

第六项：健康储蓄账户（HSA）扣除。健康储蓄账户是美国联邦政府实行的一项免税计划，它允许纳税人为了支付未来的医疗费用，在税前进行税收减免。表 4-8 为 2008—2015 年美国关于健康储蓄账户的数额限制规定。

表 4-8　2008—2015 年美国关于健康储蓄账户扣除限制（单位：美元）

纳税年度	个人保险	家庭保险	贡献额度
2015	3 350	6 650	1 000
2014	3 300	6 550	1 000
2013	3 250	6 450	1 000
2012	3 100	6 250	1 000
2011	3 050	6 150	1 000
2010	3 050	6 150	1 000
2009	3 000	5 950	1 000
2008	2 900	5 800	900

第七项：搬迁费减免。该项减免制度的设计主要是为了补贴纳税人参加新工作或者寻找新的工作的必要支出。当纳税人支出是因寻找新的工作或

---

① 　该项规定自 200 2 年开始实施，到 2013 年底停止执行。

者参加新工作的费用时，除伙食费外，其他符合条件的支出均可以在税前减免，从国外退休回国的人员同样可以享受该项税收减免。但是，该项规定有距离和时间限制，具体的距离限制是纳税人的新工作地点离原来旧居的距离必须远于旧工作地址距旧居的距离，具体标准为超过 50 英里；关于工作时间的限制是纳税人必须在新工作岗位上，一年内至少全职工作 39 周以上，如果纳税人是自由职业者，必须在两年内工作 78 周以上。

第八项：自雇者税收减免。自雇者可以在税前把自主创业税收的一半作为税收减免。

第九项：个体经营健康保险扣除。美国税法规定了符合该项扣除要求的个体经营公司标准：第一，符合美国税法关于个体经营的企业的要求；第二，普通合伙人和有限责任公司的合伙人参与经营而产生的自雇形式的收入；第三，拥有 25% 以上股权的 S-corporation 公司职员。另外，符合下列要求的保险费用可以在税前扣除：第一，医疗保险；第二，牙科保险；第三，长期护理保险。符合要求的纳税人的配偶、抚养人和未满 27 岁的孩子都可以部分扣除健康保险费用；自雇人员缴纳补充医疗保险的，可以部分扣除。在进行税收减免时，必须从个体经营费用中扣除 50% 的自主创业收入、退休金。

第十项：退休账户。美国税法规定纳税人缴纳的退休金可在税前扣除。

第十一项：提前提取定期存款所得损失的税收减免。该项内容主要指的是纳税人提前取出定期存款遭受的利息损失等可以在税前扣除或申请税收减免。

第十二项：赡养费税收减免。美国税法规定符合以下要求的赡养费可以在税前扣除：①纳税人和其配偶或前配偶没有联合申报税收返还；②现金支付赡养费（包括支票和汇票）；③申请离婚时作为赡养费的财产支出；④当纳税人支付分居或者离婚赡养费时，纳税人和其前配偶不得同属于同一个家庭；⑤纳税人在自己的配偶或者前配偶去世后，没有能力支付任何形式的赡养费；⑥所支付的赡养费不得作为孩子的赡养费使用。

第十三项：国内生产活动费用扣除。美国税法规定，从 2005 年开始符合税法规定的、从事国内生产活动的企业，可以在税前按照纯收入的 3%（2006 年为 3%，2007 年为 6%，2010 年为 9%）进行税收减免。美国税法关于国内生产活动的规定如下：①生产总部位于美国境内；②在美国境内销售、租赁或者经营许可项目；③在美国境内销售、租赁或者经营许可的电影事业；④在美国境内的建筑事业，包括住宅和商品地产建设和改造；⑤关于美国境内建设项目的工程和建筑；⑥软件开发，包括视频游戏等。

同时，美国联邦税收法律对个人所得税的费用减免也进行了详细的规定，内容涉及个人免征额、家庭免征额以及其他免征额。在各类费用扣除项目中，有一项费用扣除 personal exemption，设计的初衷是为了保证纳税人最基本的生活费用支出，也就是我们通常意义上说的生计费用扣除。美国国会每年都会根据通货膨胀指数调整该标准，具体数据见表 4-9。

表 4-9　1990—2019 年美国个人所得税免征额 ①

年份（年）	个人所得税宽免额（美元）
2019	4 100
2018	4 100
2017	4 050
2016	4 050
2015	4 000
2014	3 950
2013	3 900
2012	3 800
2011	3 700
2010	3 650
2009	3 650
2008	3 500
2007	3 400
2006	3 300
2005	3 200
2004	3 100
2003	3 050
2002	3 000
2001	2 900
2000	2 800
1999	2 750
1998	2 650
1997	2 600
1996	2 550
1995	2 500
1994	2 450
1993	2 350
1992	2 350
1991	2 150
1990	2 050

① 资料来源：http://taxes.about.com/od/preparingyourtaxes/a/personal_exempt.htm。

生计费用扣除是每一个纳税人均能享受到的税收减免，无论纳税人自身情况如何。另外，美国个人所得税费用扣除标准中还有一项名为 Standard Deduction 的费用扣除，我们称之为标准扣除，标准扣除根据纳税人自身情况分别做了相应的规定，见表 4-10，我国个人所得税的免征额类似于二者的加总。

表 4-10　2010—2020 年美国个人所得税标准扣除 ①

年份（年）	申请者状态	标准扣除额（美元）
2010	单身	5 700
	户主	8 400
	夫妻联合申报	11 400
	夫妻单独申报	5 700
	丧偶	11 400
2011	单身	5 800
	户主	8 500
	夫妻联合申报	11 600
	夫妻单独申报	5 800
	丧偶	11 600
2012	单身	5 950
	户主	8 700
	夫妻联合申报	11 900
	夫妻单独申报	5 950
	丧偶	11 900
2013	单身	6 100
	户主	89 500
	夫妻联合申报	12 200
	夫妻单独申报	6 100
	丧偶	12 200
2014	单身	6 200
	户主	9 100
	夫妻联合申报	12 400
	夫妻单独申报	6 200
	丧偶	12 400

①　资料来源：http://taxes.about.com/od/deductionscredits/qt/standard.htm。

年份（年）	申请者状态	标准扣除额（美元）
2015	单身	6 300
	户主	9 250
	夫妻联合申报	12 600
	夫妻单独申报	6 300
	丧偶	12 600
2018	单身	12 000
	户主	18 000
	夫妻联合申报	24 000
	夫妻单独申报	12 000
	丧偶	24 400
2019	单身	12 200
	户主	18 350
	夫妻联合申报	24 400
	夫妻单独申报	12 200
	丧偶	24 400
2020	单身	12 400
	户主	18 650
	夫妻联合申报	24 800
	夫妻单独申报	12 400
	丧偶	24 800

在美国，只要符合美国关于公民的基本要求，在缴纳个人所得税时，均可以根据税法关于个人所得税的免征额的规定标准进行税前扣除。美国个人所得税的缴纳是以家庭为单位的，家庭结构情况和收入情况直接影响该家庭个人所得税数量的多少。个人所得税可以夫妻联合申报，可以夫妻单独申报，也可以以家庭户主身份申报。当夫妻联合申报时，无论夫妻双方是否都获得收入，税前扣除免征额均按照两人额度扣除。

美国个人所得税免征额的多少并不是一成不变的，它会根据个人收入的多少进行调整，税法上称之为"PET"（personal exemption phaseout）[①]，也就是我们常说的逐级减少。当纳税人收入超过一定限度时，个人宽免额会成比例减少。美国国会每年会给出当年个人宽免额逐级减少的收入阈值上限

[①] 美国在 2010 年、2011 年和 2012 年的时候，取消了该项规定，但在 2013 年又重新恢复了该项规定。

和下限，当调整后收入达到阈值的下限时，每超过 2 500 美元，个人宽免额减少 2%；当调整后的收入超过阈值的上限时，个人宽免额全部取消，此时，按照调整后的收入全额缴纳个人所得税。当夫妻两人联合申报时，按照每人 1 250 美元的 2% 计算。表 4-11、表 4-12① 为 2013 年和 2014 年美国个人所得税逐级减少收入阈值的上下限。

表 4-11　2013 年美国个人所得税免征额逐级减少阈值（单位：美元）

申请者状态	收入阈值下限	收入阈值上限
夫妻联合申报	300 000	422 500
失去配偶的个人申报	300 000	422 500
户主申报	275 000	397 500
单身申报	250 000	372 500
夫妻单独申报	150 000	211 250

表 4-12　2014 年美国个人所得税免征额逐级减少阈值（单位：美元）

申请者状态	收入阈值下限	收入阈值上限
夫妻联合申报	305 050	427 550
失去配偶的个人申报	305 050	427 500
户主申报	279 650	402 150
单身申报	254 200	376 700
夫妻单独申报	152 525	213 775

　　下面通过具体案例来解释美国个人所得税免征额的逐级递减。例如，Mary 在 2013 年个人所得税调整后的收入为 3 000 000 美元，她独自抚养一个女儿，在申请缴纳个人所得税时，她按照户主申报个人所得税，根据美国税法的规定，这个家庭可以享受两人份额的个人所得税免征额减免，即为 3 900 × 2。根据表 4-9，Mary 个人所得税调整后收入超过免征额逐级减少阈值的下限 25 000 美元（300 000 ～ 275 000 美元），按照税法规定，每超过 2 500 美元，按照 2% 递减，Mary2013 年应当减少的个人所得税免征额的比例为 20%（25 000/2 500 × 2），那么，2013 年应当减少的个人所得税免征额

---

① 　资料来源：http://taxes.about.com/od/preparingyourtaxes/a/personal_exempt.htm。

为 1 560 美元（3 900 × 2 × 20%），即在缴纳个人所得税时，Mary 可以享受的个人所得税免征额减少至 6 240 美元。

4.4.2　英国个人所得税的免征额

英国是世界上最早开始在全国范围内计征个人所得税的国家，其税收制度经过长时间的历史沉淀，已经趋于成熟。目前，英国的个人所得税征收方式为源泉征缴，即对居民来源于国内外的一切所得，按照相应的法定税率征收所得税。如果不是英国居民，但在英国境内从事相应工作，则仅就来源于英国境内的收入征收个人所得税，来源于英国境外的收入不征收个人所得税。在计算缴纳个人所得税时，首先应该确定各类源泉所得的性质。英国税收法律规定，符合个人所得税课征范围的收入主要包括以下几项：第一，个人工资薪金所得。第二，个人经营所得。第三，国家福利。在这里需要特别说明一下，并非所有的国家福利所得都需要缴纳个人所得税，需要缴纳个人所得税的国家福利所得主要包括国家养老金、求职者津贴、在职者津贴、具有贡献类就业性质的津贴、救济金、丧亲津贴、由工业死亡福利计划支付的养老金、丧偶津贴以及养老金等；无须缴纳个人所得税的国家福利所得包括住房津贴、工作以及子女税收减免、残疾人津贴、老年人津贴、护理津贴、养老金信贷、冬季取暖费和圣诞节奖金、75 岁以上老人的免费电视牌照、生育津贴、工伤津贴、严重伤残津贴、环球信贷、战争遗孀养老金、年轻人的过渡性津贴等。第四，养老金，主要包括国家养老金、公司和个人养老金以及退休年金。第五，储蓄和投资所得利息。第六，租金收入（获得的租金少于 4 250 英镑的不计入应纳税收入）。第七，信托收益。第八，公司股票股息。

按照上述规定核算个人总收入以后，根据税收法律规定进行相应扣除后即为个人所得税的应纳税收入。个人所得税费用扣除除了基础扣除，即我们所说的个人所得税免征额外，还考虑了抚养子女、赡养老人以及慈善捐款等方面的扣除，同时，在抚养扣除和赡养扣除方面，按照年龄进行了严格的细分。表 4-13 为英国从 1979 年以来每年的基础扣除额。从表中数据可以看出，英国个人所得税基础扣除额每年都会进行相应的调整，且调整趋势为逐步增加基础费用扣除以满足不断变化的经济形势。除了基础扣除以外，英国政府按照个人所得税纳税人年龄的差异进行了细致的划分，不同的年龄段对应不同的个人所得税免征额。年龄段的划分主要分为不超过 65 岁、65 岁到 74 岁以及 74 岁以上（不包括 74 岁）三个阶段。表 4-14 梳理了 2011—2020

年英国个人所得税相关法律关于个人所得税免征额的具体规定。

表 4-13 1979—2020 年英国个人所得税基础扣除额 ①

年份	基础扣除额（英镑）
1979—1980	3 140
1980—1994	4 135
1999—2000	4 543
2002—2003	4 615
2008—2009	6 035
2010	6 475
2011	6 475
2012	7 475
2013—2014	9 440
2015	100 000
2016—2017	104 750
2018	110 000
2019—2020	125 000

表 4-14 2011 年—2015 年英国个人所得税免征额扣除标准 ②（单位：英镑）

年龄划分标准（年）	2011—2012	2013	2014	2015
基本扣除额（不超过 65 岁）	7 475	8 105	9 440	10 000
收入限制（不超过 65 岁）	100 000	100 000	100 000	100 000
65～74 岁	9 940	10 500	10 500	10 500
75 岁以上	10 090	10 660	10 660	10 660
收入限制（65 岁以上，包括 65 岁）	N/A	N/A	26 100	27 000
盲人	1 980	2 100	2 160	2 230
夫妻扣除（不超过 75 岁）	2 800	2 960	3 040	3 140
夫妻扣除（75 岁以上，包括 75 岁）	7 295	7 705	7 915	8 165

---

① 资料来源：https://www.gov.uk/income-tax-rates/previous-tax-years。

② 资料来源：https://www.gov.uk/government/publications/rates-and-allowances-income-tax/rates-and-allowances-income-tax#savings。

从表 4-14 中的数据可以看出，在英国，个人所得税免征额不仅按照年龄划分标准，而且，个人收入的高低也影响着个人所得税免征额的多少。例如，享受基础扣除的不超过 65 岁的纳税人，如果个人收入在 100 000 英镑以下则可以享受每年税法规定的税前扣除额；如果超过 100 000 英镑，按照每超过 2 英镑减 1 英镑的原则扣除免征额。以 2014 年为例，如果纳税人当年的综合收入总额在做了必要的扣除以后为 100 001 英镑，则个人所得税免征额按照 7 473 英镑在税前扣除。

另外，税法还规定了抚养子女的税收减免，2000 年以后，每个家庭未满 16 岁的子女都可以享受个人所得税税收抵免，2002—2003 年，该项减免标准为每年 5 290 英镑，如果抚养子女家庭的年收入超过了最高税率对应的收入标准，则按照每超过 15 英镑就减少 1 英镑税收减免。

4.4.3 俄罗斯个人所得税的免征额

按照俄罗斯最新的税收法律，个人所得税的费用扣除主要由两项构成：一项为标准扣除（standard tax deductions），一项为专项扣除。税法规定的标准扣除主要包括：

第一，每月从月收入中扣除 3 000 卢布。主要包括以下纳税人：第一类，与切尔诺贝利核电站灾难有关的所有纳税人，包括受核辐射感染的纳税人、参与消除核辐射污染的工作人员和军人、医务工作者、生物专家等；第二类，因卫国战争而致残的居民纳税人；第三类，直接参与核武器试验研究的工作人员，包括科研工作者、提供安全保证的军人等。

第二，每月从月收入中扣除 500 卢布。主要包括获得苏联英雄或者俄罗斯英雄称号的人，获得三级英雄称号的人，参加第二次世界大战从纳粹德国集中营中解救出来的人，自有残疾或者具有一级、二级伤残的人，捐赠骨髓挽救他人生命的人。

第三，家庭抚养扣除。符合该项扣除的纳税人包括父母以及父母的配偶、养父母以及养父母的配偶、监护人以及监护人的配偶。关于抚养孩子的费用扣除标准见表 4-15（2011）、表 4-16（2012）。如果所扶养的孩子是超过 18 岁的残疾人，或者为不超过 24 岁的全职实习生、主治医师、内科住院医师，或者为不超过 24 岁的学生，并且为一级或二级残疾，那么按照税法规定，每月可按照 3 000 卢布进行税前扣除。如果纳税人所扶养的孩子在国外，则需要所在地政府开具证明。另外，俄罗斯政府对税收减免总额规定了最高上限，如果当月的减免总额超过 28 000 卢布，则不再享受税收减免。

表4-15 孩子抚养费用的所得税扣除（单位：卢布）

抚养孩子数量	所得税扣除标准
第一个孩子	1 000
第二个孩子	1 000
超过三个以上（包括三个）	3 000

表4-16 孩子抚养费用的所得税扣除（单位：卢布）

抚养孩子数量	所得税扣除标准
第一个孩子	1 400
第二个孩子	1 400
超过三个以上（包括三个）	3 000

按照俄罗斯联邦有关税收法典的规定，个人所得税除了上述基本免征额的扣除外，纳税人还可以享受专项扣除。税法规定的专项扣除主要包括社会税收扣除（social tax deduction）、房屋财产税收扣除（property tax deduction）和专业技能税扣除（professional tax deduction）。其中，社会税扣除包括以下几个方面：

（1）给慈善机构或者非营利机构的捐款，扣除额为每年不超过纳税人税收年度总收入的25%。非营利机构主要是指从事科学研究、文化、体育教育（竞技类体育专业除外）、启蒙运动、公共卫生、保护人类和公民的权利和自由、对公民在紧急状况和环境中遇到人身伤害提供保护和帮助以及保护环境和动物的机构和团体。

（2）子女的教育支出。税法规定，纳税人支付的子女在24岁以前的教育支出可以在税前扣除，扣除额标准为每个孩子每年不超过50 000卢布，并且教育类型必须为全职教育，非全职教育不包括在内。

（3）子女的医疗支出。税法规定父母或者法定监护人支付的子女在18岁以前的医疗费用，可以在当年纳税年度进行税前扣除。

（4）养老金费用扣除。按照俄罗斯政府对养老金管理的规定，居民可以将养老金缴入由政府设置的养老金基金会，也可以缴入由非政府设立的基金会。但是官方统计数据显示，尽管非政府的养老金基金会利息高，出于风险回避的考虑，居民还是倾向于将养老金存入由国家设立的养老金基金会。为了鼓励居民把养老金缴入非政府的养老金基金会，俄罗斯联邦政府规定，对于纳税人存入非国有养老金基金会所获的基金收入，可按照一定的比例享受个人所得税的税收减免。

房屋财产税收扣除主要是指纳税人在纳税年度出售的公寓、私人住宅、别墅、花园、土地以及股票收入。如果在纳税年度这些收入所得不超过 3 年，金额不超过 1 000 000 卢布，可以在税前扣除。纳税人在纳税年度获得的除上述所列的其他财产类收入，如果年限不超过 3 年，且总金额不超过 250 000 卢布，也可按照税法规定予以扣除。上述规定的金额限制如果在纳税年度中没有完全扣除，剩余金额可累计到以后纳税年度。但是，具有商业目的或性质的财产转让不享受以上的税收优惠。

专业技能扣除主要是指对新技术发明者和革新者进行的税收减免，减免的程度按照行业不同规定了相应的比率，具体见表4-17。

表 4-17　专业技术类扣除[①]

专业划分	扣除比例（%）
文学类，包括电影、剧作、艺术、马戏等	20
美术创作、图形作品、摄影作品、架构设计作品	30
雕塑、纪念品、装饰性绘画、装饰与应用艺术、戏剧和电影艺术以及图形的各种技术	40
视听作品，包括视频、电视等	30
音乐作品，包括表演类音乐作品，如歌剧、交响乐、芭蕾舞等	40
其他音乐作品	25
文学和艺术作品	20
从事科研工作	20
发明和创造的工业模型，获得的收入超过最初两年的使用成本	30

4.4.4　巴西个人所得税免征额

在巴西，居民和非居民按照税法规定均需缴纳个人所得税，持有长期护照的外国人、持有临时护照（有效期不超过 2 年）但是在巴西签订就业合同的外国人，自其进入巴西境内起，需就其收入所得，依据巴西居民标准缴纳个人所得税；拥有临时护照的外国人，如果连续 12 个月内在巴西停留时

---

① 资料来源：http://www.wipo.int/wipolex/zh/text.jsp.file_id=276747。

间超过 183 天的，从第 184 天开始作为巴西居民缴纳个人所得税。巴西居民就其来源于世界任何地方的收入缴纳个人所得税，非居民仅就来源于巴西境内的所得缴纳个人所得税。

2011 年税收改革以前，巴西个人所得税费用扣除标准采用两种扣除方式，即逐项扣除和标准扣除，其中，标准扣除计算较为简单，均按应纳税所得额 20% 的比例扣除即可，但最高限额不能超过 1 889.64 雷亚尔。逐项扣除是指在计算应纳税所得额时，根据税法规定的、各项收入的扣除标准计算扣除，具体规定如下：第一，工资性收入，包括直接或间接工作得到的一切薪酬和待遇，需全额缴纳个人所得税，不可在税前扣除。第二，资本利得和投资收益。一般情况下，这两类收入应全额缴纳个人所得税，但是在某些特殊情况下，对某些交易可以实行免税或低税率。第三，股票期权按照资本利得要求征收个人所得税。第四，家庭抚养。2011 年 1—3 月以前，家庭中单个受抚养者每月最高抵扣额为 150.69 雷亚尔，4 月份以后，该项扣除额为 157.47 雷亚尔，全年合计 1 889.64 雷亚尔。第五，医疗费用。税法规定，在巴西境内和境外的医疗费用均可全额扣除，但是在境外的医疗保险支出不能扣除。第六，教育费用。每个学生每年可按照 2 958.23 雷亚尔的扣除标准扣除教育花费。第七，养老金扣除。税法对养老金的税前扣除规定了上限，即不能超过个人应纳税所得的 12%。

2008 年金融危机以后，为了进一步缓和金融危机给巴西国内经济发展带来的冲击，巴西政府着手进行了一系列的经济改革，以降低国内居民税收负担为目的的个人所得税制度改革开始在全国范围内展开。为了增加居民的实际可支配收入，巴西政府决定，从 2011 年起实行新的个人所得税费用扣除标准，见表 4-18。这样的改革方式进一步增加了巴西居民的可支配收入，对经济的发展起到了一定的推动作用。

表 4-18　2011—2014 年巴西个人所得税费用扣除标准 [①] （单位：雷亚尔）

扣除项目	原标准	2011 年	2012 年	2013 年	2014 年
赡养费	150.69	157.47	164.56	171.97	179.71
退休金	1 499.15	1 566.61	1 637.11	1 710.75	1 787.77

---

① 黄立新."后金融危机时代"各国税收政策变化评述：巴西篇 [J]. 涉外税务，2011（8）：57-61.

扣除项目	原标准	2011 年	2012 年	2013 年	2014 年
教育培训费	2 830.84	2 958.23	3 091.35	3 230.46	3 375.83
简单扣除额	13 317.09	13 916.36	14 542.6	15 197.02	15 880.89

4.4.5　我国个人所得税费用扣除标准

20 世纪 80 年代，我国开始计划征收个人所得税。处于计划经济时期的我国工资薪金等收入分配属于严格意义上的按劳分配，居民收入基本属于平衡状况，收入差距矛盾并未成为社会的主要矛盾，再加上我国税收制度相对不健全，税制改革较滞后，从而导致了我国个人所得税费用扣除项目改革进程缓慢。从中华人民共和国成立到现在，涉及个人所得税免征额调整的税制改革仅有 5 次，具体见表 4-19。

表 4-19　我国个人所得税费用扣除标准改革历程

年份	具体规定
1980	1980 年我国开始在全国范围内征收个人所得税，按照相关法律规定个人所得税费用扣除标准为每月 800 元
2005	2005 年 10 月 27 日，第十届全国人民代表大会常务委员会第十八次会议通过了对 1994 年版《中华人民共和国个人所得税法》的修订，并决定自 2006 年 1 月 1 日起，个人所得税免征额由 800 元提高到 1 600 元
2007	2007 年 12 月 29 日，第十届全国人民代表大会常务委员会第三十一次会议表决通过了《关于修改〈中华人民共和国个人所得税法〉的决定》，明确提出自 2008 年 3 月 1 日起，个人所得税费用扣除标准为 2 000 元
2011	2011 年 4 月 20 日，十一届全国人大常委会第二十次会议召开，个人所得税费用扣除标准拟提高至 3 500 元。
2018	2018 年 6 月 19 日，十三届全国人大常委会第三次会议，个人所得税费用扣除标准拟提高至 5 000 元

从表中我们可以看到，我国自 1980 年将个人所得税起征点确定为 800元 / 月后，依据经济社会发展情况进行了相应的调整，分别是 2006 年提高到 1 600 元 / 月，2008 年提高到 2 000 元 / 月，2011 年提高到 3 500 元 / 月，2018 年提高到目前的 5 000 元 / 月。我国个人所得税起征点随着平均工资的

提高，进行了一系列的调整，在一定程度上可以减轻中低收入者的压力，增加这部分人到手的实际收入；综合考虑了人民群众消费支出水平增长等各方面因素，并表现出一定的前瞻性。按此标准并结合税率结构调整测算，取得工资、薪金等综合所得的纳税人，总体上税负都会有不同程度的下降，特别是中等收入以下群体税负下降明显，有利于增加居民收入，增强消费能力。

4.5 国际比较对我国个人所得税费用扣除标准改革的启示

通过上文国际比较可以看出，无论是老牌发达国家，如美国、英国，还是发展中国家，如巴西，个人所得税费用扣除标准每年都会进行调整，尽管调整的力度、方向等存在一定的差异，但总体趋势相同。而作为经济发展大国的中国，40 年间个人所得税费用扣除标准仅调整了 5 次。不仅力度上与国际情况不符，而且在制定标准上缺乏科学性和合理性。

本部分着眼于宏观经济角度，通过国际比较认为，个人所得税费用扣除标准应该根据国家经济走势进行相应的调整，这样不仅有利于保证国家财政收入，而且有益于保护纳税人的自身利益。但是如何调整，怎么调整却是目前理论界亟待解决的问题。目前为止，国内理论界并没有提出完全意义的测算方法，大都停留在对个别地区或者现有数据的分析层面，并未对全国数据进行系统的分析，或者仅论证了现行制度存在的合理性或不合理性，并未针对实际问题，提出相应的配套方案。鉴于此，本书通过对我国当前和今后经济发展情况的研究分析，在借鉴他国成功经验的基础上，力求兼顾个人所得税增加财政收入和调节收入分配两大职能，设计一套科学、合理的费用扣除标准计算方法。

4.5.1 政策建议

第 1 章已经介绍了我国学者测算个人所得税费用扣除标准的方法，在各类测算方法中，本书主张采用以贫困线标准为参考依据制定个人所得税费用扣除标准，这样做主要基于如下考虑：个人所得税作为一种"大众税"，缴纳个人所得税应该是每个有纳税能力的公民应尽的义务和责任，大多数公民不应被排除在外。贫困线作为人们生活的最低保障线，是评价居民是否有能力履行公民义务的最好标准。在具体制定时，应充分考虑到纳税人的承受能力和心理等因素，同时，考虑到国家经济情况，在原有计算基础上，结合个人所得税相关理论，通过理论与实践的结合，制定完善的标准计算方法。另外，根据国内外学者的研究，个人所得税费用扣除标准和贫困线之间应该存在一个比较合适的比例关系，这在国外已经是一种比较成熟的理论认识。所以，本书测算个人所得税费用扣除标准时，以基本贫困线为基础，参考税收制度健全国家的标准，确定个人所得税费用扣除标准与贫困线之比，并以此为依据，最终确定我国个人所得税费扣除标准的计算方法。

目前，国际上把贫困主要分为两种，即绝对贫困和相对贫困，与之相对应的贫困线即为绝对贫困线和相对贫困线。早在 20 世纪初，经济学家就展开了关于绝对贫困线的研究。最初制定绝对贫困线的原则为保证居民最低生活标准即可。基于以上观点，热量支出法、马丁法、恩格尔系数法等被用以测算绝对贫困线。随着经济实证研究的不断深入和细致，相对贫困线逐渐成为学者们研究的课题，他们认为贫困仅是一种相对的现象，并不存在完全意义上的贫困，只是相对于参照物而显得较为贫困而已。比较法和收入弹性法被广泛用于确定相对贫困线。通过对比多种贫困线测算在实践中的应用，笔者决定采用 ELES（Extend Linear Expenditure System）法，即扩展线性支出测算方法。该方法是从英国经济学家 Stone 的 LES 模型演变而来的，LES 模型主要研究的是居民的消费需求，主要的推导过程如下：该模型的数学假设为

$$\max U = \max \sum_{i}^{n} u_i(q_i) = \max \sum_{i}^{n} b_i \ln(q_i - r_i)$$

$$\text{s.t. } V = \sum_{i}^{n} p_i q_i \quad i = 1,2,3,\cdots,n$$

其中，p 表示商品的价格，q 为商品的需求量，r 为商品的基本需求量，b 为边际预算额度，V 为预算约束。在上述数学假设前提下，得到的需求函数为

$$q_i = r_i + \frac{b_i}{p_i}\left(V - \sum p_i r_i\right), i = 1,2,3,\ldots,n$$

在具体计算时，把居民收入按照从低到高划分为 7 个等级，消费支出按照统计年鉴划分标准分为 8 个大类，则按照 ELSE 模型计算原理，得到的线性关系式为

$$p_i q_i = p_i q_i^0 + b_i\left(Y - \sum p_i q_i^0\right)$$

其中 p_i 表示某一商品的价格，q_i 表示某一商品的需求量，q_i^0 表示对该商品的基本需求，b_i 表示消费者的边际消费倾向，Y 表示消费者的收入水平。

该模型的经济学意义为：基本需求和超额需求共同构成了居民的消费需求，在消费者收入和消费品价格既定的前提下，消费者首先满足的是基本需求，当基本需求满足以后，再根据消费者的消费偏好满足其超额需求。将上式整理可得

$$p_i q_i = p_i q_i^o + b_i Y - \sum p_i q_i^o$$

在具体计算中，由于每种消费品的价格和需求量较难统计，但是消费者花费在每种消费品上的收入却较易统计，为了简化计算过程，我们在这里假设 $y_i = p_i q_i$，其中，y_i 表示消费者花费在第 i 类商品的收入支出，同时令 $p_i q_i - b_i \sum p_i q_i^o = \alpha$。

则上式可进一步简化 $y_i = a + b_i Y$。该方程的经济学意义为个人花费在第 i 类消费品的支出随个人收入的变化而变化，最终确定的贫困线标准即为 $\sum y_i$。在实际操作中，由于我国城乡差异较大，在具体分析中暂且不考虑农村情况，仅就城镇居民情况展开研究。根据《2013 年国家统计年鉴》的数据，整理得到 2012 年我国城镇按收入阶层划分的各类生活消费支出情况，见表4-20。之所以采用 2012 年的数据主要是因为，从 2013 年开始，国家统计年鉴中，原本的 7 个收入阶层的消费情况变为 5 个收入阶层，细化性较差，为了更加准确地计算，所以采用 2012 年的数据。[①]

表4-20　我国城镇居民按收入划分的生活消费支出（单位：元）

2012 年	最低收入	较低收入	中等偏下	中等收入	中等偏上	较高收入	最高收入
全年可支配收入	8 215.09	12 488.62	16 761.43	22 419.1	29 813.74	39 605.22	63 824.15
食品	3 310.41	4 147.36	5 028.58	6 061.37	7 102.41	8 560.96	10 323.06
衣着	706.8	1 045.5	1 408.21	1 765.93	2 213.83	2 767，5	3 928.48
居住	832.6	924.49	1 160.43	1 384.31	1 708.68	2 154.27	3 123.28
家庭设备及用品	405.35	569.25	760	1 033.64	1 346.21	1 827.88	2 807.29
交通通信	602.83	954.38	1 392.97	2 063.25	2 960.62	4 304.11	7 971.14

---

① 2013 年以后，国家统计局取消了对城镇居民按收入划分相关数据的整理。

2012 年	最低收入	较低收入	中等偏下	中等收入	中等偏上	较高收入	最高收入
文教娱乐	722.96	1 034.87	1 326.62	1 785.45	2 449.14	3 432.77	5 431.59
医疗保健	548.33	669.58	832.93	1 096.04	1 248.92	1 580.04	1 961.11
其他	172.09	264.99	371.1	529.94	800.35	1 169.41	2 125.73

通过计算可得，我国的贫困线方程为

$$y = 0.55Y + 3173$$

将 2013 年人均可支配收入带入可得 2013 年我国贫困线标准为月收入约 1 500 元。

确定下来贫困线标准以后，我们需要研究个人所得税费用扣除标准与贫困线之间的比例关系。表 4-21 为美国 2010—2014 年贫困线标准与个人所得税费用扣除标准之间的比值情况，二者之间的比值约为 1.15∶1。郭剑川（2007）的研究得，出英国贫困线标准与个人所得税费用的比值接近 1.12∶1[1]。我们取两个国家的中间值 1.14∶1 作为我国的标准，则最终，个人所得税费用扣除标准的计算公式为

$$F = \frac{0.55Y + 3173}{1.14}$$

其中，F 为费用扣除标准。

根据上述计算方法，我国 2012 年的个人所得税费用扣除标准应为 1 219.61 元，取整数，即为 1 200 元，与当年 3 500 元的标准相比，存在较大的差距。

表 4-21　2010—2014 年美国贫困线标准与个人所得税费用扣除标准之比 [2]　（单位：美元）

年份	贫困标准	个人所得税费用扣除标准	二者之比
2014	1 1670	10 150	1.14
2013	1 1490	10 000	1.14

①　郭剑川. 个人所得税结构设计与征管机制研究 [D]. 北京：首都经济贸易大学，2010.

②　资料来源：http://aspe.hhs.gov/poverty/figures-fed-reg.cfm

年份	贫困标准	个人所得税费用扣除标准	二者之比
2012	1 1170	9 750	1.15
2011	1 0890	9 500	1.15
2010	1 0830	9 350	1.16

4.5.2　个人所得税免征额"十四五"预测

根据上一章节推导出的个人所得税免征额的计算公式，我们可以确定，如果想要预测今后年度个人所得税免征额的变化，仅需预测我国居民人均可支配收入即可。

理论界关于经济预测的方法有很多，笔者研究了多种方法以后认为采用趋势外推预测法最为合适。趋势外推预测法的原理为：依据经济事务过去以及现在的发展趋势，推断未来的发展趋势。趋势外推预测法的假设条件为：首先，经济事务未来的发展状况是由影响经济事务发展变化的过去和现在的因素共同决定的；其次，经济事务发展的过程是渐进式的，而不是跳跃式的。趋势外推预测方法主要包括线性趋势外推法、二次曲线趋势外推法和生长曲线趋势外推法。以上三种方法主要是根据经济数据的特点进行划分的，根据经济数据的特点，在本书中我们主要采用线性曲线趋势外推法。

线性趋势外推法主要是根据时间序列数据拟合得到一条直线，使得该直线的预测值与实际值之间的离差平方和最小。设拟合直线方程为

$$\hat{y}_t = \hat{a} + \hat{b}x_i$$

其中，$\hat{y}_t$ 为 t 时期的预测值，x_i 为时间序列编号，$\hat{a}$、$\hat{b}$ 为参数，则

$$e_t = y_t - \hat{y}_t = y_t - \hat{a} - \hat{b}x_i$$

$$Q = \sum_{t=1}^{n} e_t^2 = \sum_{t=1}^{n} \left(y_t - \hat{a} - \hat{b}x_t \right)^2$$

其中，e_t 为实际值与观测值之间的离差，y_t 为实际值，Q 为总离差平方和。根据最优化原理，为使 Q 值最小，则需分别对系数求导，并令其导数为零，得

$$\frac{\partial Q}{\partial \hat{a}} = \frac{\partial \sum_{t=1}^{n} \left(y_t - \hat{a} - \hat{b}x_i \right)^2}{\partial \hat{a}} = 0$$

推出

$$\hat{a} = \overline{y} - \hat{b}\overline{x}$$

$$\hat{b} = \frac{\sum_{t=1}^{n}\left(x_t - \overline{x}\right)\left(y_t - \overline{y}\right)}{\sum_{t=1}^{n}\left(x_t - \overline{x}\right)^2}$$

其中，$\overline{x} = \dfrac{1}{n}\sum_{t=1}^{n}x_t$，$\overline{y} = \dfrac{1}{n}\sum_{t=1}^{n}y_t$。

按照上述方法预测我国城镇居民人均可支配收入过程如下：首先，根据表 4-22 的数据生成图 4-1 的趋势图，由图 4-1 可知，城镇居民人均可支配收入呈直线上升的趋势，因此符合线性趋势外推预测方法的假设条件。

表 4-22　我国 2010—2019 年城镇居民人均可支配收入（单位：元）

年份	时间序号 t	城镇居民人均可支配收入
2010	1	19 109
2011	2	21 810
2012	3	24 565
2013	4	26 955
2014	5	28 844
2015	6	31 195
2016	7	33 616
2017	8	36 396
2018	9	39 251
2019	10	42 359

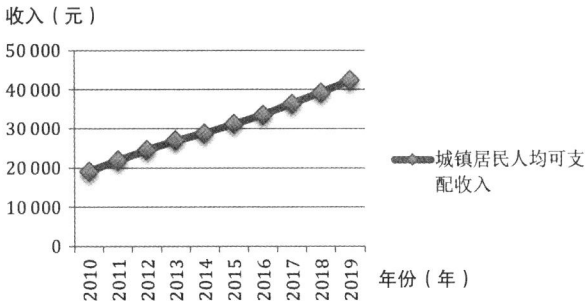

图 4-1　2010—2019 年我国城镇居民人均收入趋势图

然后，根据表4-22的数据预测参数 a、b 的值，得到：

$$\hat{b} = \frac{\sum_{t=1}^{n}(x_t - \bar{x})(y_t - \bar{y})}{\sum_{t=1}^{n}(x_t - \bar{x})^2} = 2\,501.98$$

$$\hat{a} = \bar{y} - \hat{b}\bar{x} = 16\,649.11$$

预测模型为

$$y_t = 16\,649.11 + 2\,501.98x_t$$

通过计算观测值和预测值的相对误差来检验模型的拟合度，具体计算数据见表4-23。

表4-23　预测值与误差值（单位：元）

年份	时间序号 t	城镇居民人均可支配收入	预测值	相对误差（%）
2010	1	19 109	19 151.09	-0.22
2011	2	21 810	21 853.07	-0.20
2012	3	24 565	24 155.05	1.67
2013	4	26 955	26 657.03	1.11
2014	5	28 844	29 159.01	-1.09
2015	6	31 195	31 660.99	-1.49
2016	7	33 616	34 162.97	-1.63
2017	8	36 396	36 664.95	-0.74
2018	9	39 251	39 166.93	0.21
2019	10	42 359	41 668.91	1.63

从表4-23中可以看出，10年最高误差没有超过2%，总体误差较小，可以认为利用此模型进行经济预测较为合适。根据此模型预测2020年我国城镇居民人均可支配收入为

$$y_{11(2020)} = 16\,649.11 + 2\,501.98 \times 11 = 44\,170.89$$

则2020年我国城镇居民贫困线标准为：

$$0.55 \times 44\,170.89 + 3\,173 = 27\,466.99$$

此时，个人所得税费用扣除标准为：

$$F_{2020} = \frac{27\,466.99}{1.14} = 24\,093.85$$

换算成月标准为 2 008 元。根据上面的计算结果，预测"十四五"期间我国个人所得税费用扣除标准的变化情况。表 4-24 为"十四五"期间，城镇居民人均可支配收入，表 4-25 为"十四五"期间我国城镇居民贫困线标准。

表 4-24　"十四五"我国城镇居民人均可支配收入（单位：元）

年份	2021	2022	2023	2024	2025
城镇居民可支配收入	46 672.87	49 174.85	51 676.83	54 178.81	56 680.79

表 4-25　"十四五"我国城镇居民贫困线标准（单位：元）

年份	2021	2022	2023	2024	2025
城镇居民贫困线标准	28 843	30 219	31 595	32 971	34 347

根据预测出的 2020 年我国城镇居民贫困线标准，按照 1∶1.14 的比例计算，"十四五"期间，我国个人所得税费用扣除标准见表 4-26（均取整数）。

表 4-26　"十四五"我国个人所得税费用扣除标准（单位：元）

年份	2021	2022	2023	2024	2025
个人所得税免征额标准	25 301	26 508	27 715	28 922	30 129

换算为月度标准，取整数得到表 4-27。

表 4-27　"十四五"我国个人所得税费用扣除月标准（单位：元）

年份	2021	2022	2023	2024	2025
个人所得税免征额标准	2 108	2 209	2 310	2 410	2 511

第5章 基于宏观经济视角的
个人所得税税率研究

  本书用宏观经济的眼光研究个人所得税税率结构，主要从税率级次、税率级距和边际税率等几个方面展开，通过梳理各国个人所得税税率调整的历史资料，采用横向比较的方法，借鉴个人所得税税率制度较为成熟的国家的成功改革经验，同时依据我国现阶段宏观经济发展趋势，提出针对税率级次、税率级距和边际税率等几个方面的改革建议，在此基础上预测，随着宏观经济发展的不断推进，上述三个方面的发展趋势。

  在个人所得税制度设置中，税率是除费用扣除标准以外的，影响个人所得税职能发挥的另一个重要因素。现如今，各国采用的个人所得税税率主要有两种形式，即比例税率和累进税率。其中，比例税率是用征收税款的绝对值进行衡量，而累进税率是按照相对值进行衡量。比例税率是指只要课税对象同质，均按照相同的税率征收税款，不考虑按收入多少划分税级。在国际税收制度发展的历史上，比例税率主要出现过以下几种形式：第一，统一的比例税率。统一的比例的税率又称单一比例税率，指的是在一个税种中只统一按照一个税率计征税款。第二，差别比例税率。差别比例税率是指根据纳税人或者课税对象具体情况的不同，设定不同的税率，在实际征收时，由税务部门核实情况分别计征。这种税率模式被我国广泛采用在不同税种的税率设置中。第三，产品比例税率。产品比例税率是指根据产品的差异分别设置不同的税率。在具体操作中，一般是同种产品按照相同的比例征收税款，我国的消费税和关税就是该种税率模式的典型代表。第四，行业比例税率。行业比例税率即按照行业的性质划分，所处行业相同，则适用相同的税率。第五，地区差别比例税率。地区差别比例税率是指不同的地区，对同一课税对象分别规定高低不同的税率。例如，我国的农业税就是按照地区差异的比例税率，对富裕地区设置较高的税率，对贫困落后地区设置较低的税率。第六，浮动比例税率。浮动比例税率即税法对同一课税对象规定税率浮动的范围，各地区按照地区发展状况选择适合本地区的税率。该种税率设置被娱乐行业采用并推广。

比例税率在各国税制中被广泛采用，主要是由于其具有以下优点：第一，比例税率分配结果的透明度比较高，纳税人的税负一目了然；第二，由于纳税人的名义税率相等，在一定程度上确保了税收公平原则的实现；第三，当物价、汇率等因素变动时，对纳税人的收入影响相对缓和。但是，比例税率也存在一些无法消除的缺点，如在征收上缺乏弹性，没有充分考虑经济因素的波动对纳税人的实际影响，所以采用比例税率的税种以流转税居多。

与比例税率相对应的即为累进税率，累进税率是指随着收入的不断增加，税收的征收比例也在不断增加。累进税率最大的特点就是分类、分级划分税率，把纳税人收入按照由低到高的顺序划分为不同的等级，根据各个等级收入情况制定税率，税率的制定则根据国家所处阶段的经济发展目标而定。累进税率主要分为全额累进税率和超额累进税率，其中全额累进税率根据纳税人的全部应纳税所得计算。在该种累进税率制度下，一个纳税人的全部应纳税收入仅适用一个单一的税率，当应纳税所得提高到一个新的纳税等级时，全部应纳税收入则按照新的税率计征。超额累进税率是指将课税对象按照税率级距的收入规定被划分为不同的等级，当税基增加到一定额度时就上升到相应的等级，进入哪个等级，就按照哪个等级规定的税率计征，最后加总即为应缴纳的税款。

在究竟应当采用何种税率才能达到公平和效率最优的问题上，理论界争论已久。凯恩斯主义者主张采用累进税率，以期达到政府稳定经济发展、抵消经济周期波动对经济影响的目的。而拉弗则认为过高的边际税率会使劳动者放弃劳动而选择闲暇，甚至过高税率会使政府收入随着税率的上升而减少，因此在经济发展的一定阶段，适当地降低税率可以增加政府财政收入。诺贝尔经济学奖得主米尔里斯认为由于政府纳税会对劳动者产生替代效应，政府税收的多少与平均税率密切联系，替代效应的大小受边际税率的影响较大。所以，如果降低高收入纳税人的边际税率，并不会减少其他纳税人所缴纳的税款总额。但是也有学者认为，单一制的比例税率能在一定程度上避免逃税，减少税收征管的成本，从而促进经济稳步增长。

本章通过国别比较，提炼出世界上多个国家个人所得税税率的变革过程，包括税率的设计、税级的设置等，同时结合最优所得税税率，汲取成功经验，设计出目前与我国经济发展情况相适应的最优所得税税率。

5.1　个人所得税税率设置的国别比较

20 世纪初，因全球性经济危机的影响，各国经济发展速度相对缓慢，全球总体的经济复苏开始于 2011 年，但是整体复苏较慢。在这样的经济背景之下，各国政府大都面临着巨大的财政压力和多极化的经济挑战，其中最为主要的问题就是一方面政府面临不断扩大的财政赤字无法解决，而另一方面政府财政税收收入不足。为了缓和压力，最大限度地减少财政赤字，欧洲大部分国家，特别是受主权债务危机影响较为严重的国家，逐渐停止减税计划，着手实施增税计划。例如，爱尔兰采用降低个人所得税各税率税级起征点等方式进行增税，效果较为明显，2011 年，爱尔兰个人所得税收入比 2010 年增长了 22%。希腊则将免征额从 8 000 欧元降到了 5 000 欧元。匈牙利将个人所得税收入最高抵免从原来的 15 100 福林降到了 12 100 福林。大多数欧洲国家进行的增税改革主要是对高收入阶层增加税收，加大高收入阶层的税收负担。例如，法国将个人所得税最高税率从原来的 40% 提高到了 41%，另外规定如果纳税人收入超过 50 万欧元，在原有税率基础上加征 3% 的个人所得税。采用这种方式增加高收入阶层税收的还有葡萄牙，按照葡萄牙政府的规定，年收入超过 15.33 万欧元的纳税人需按照 2.5% 的税率缴纳特殊附加税。表 5-1 为 2011 年欧洲国家个人所得税税率变化情况。

表 5-1　分地区欧洲个人所得税税率变动情况

地区	最高边际税率	主要变化国家
东欧	刚超过 17%	匈牙利：将税率从 32% 降低至 16%，下降幅度为全球之最，并实行了单一税率制度
南欧	接近 39%	西班牙：对高收入阶层设立新的税率档次，将年收入超过 175 000 欧元的税率提高了 2%，将最高税率提高到 45%
北欧	达到 40%	拉脱维亚、芬兰、瑞典、冰岛和爱尔兰都进行了小幅的税率变动
西欧	超过 45%，继续成为全球个人所得税的税率最高地区	卢森堡：提高高收入者的失业附加税，同时开征危机税，两项加总使得个人所得税税率提高了约 3%

相对于主权债务危机国家的增税政策，一些新兴经济体和亚洲国家的个人所得税则是仍然以减税为目的，主要通过提高费用扣除标准、增加税收抵免和直接给予退税或免税等政策来实现减税目的。例如，巴基斯坦、印度、孟加拉、伊朗等国根据物价指数的变动不断提高免征额标准。新加坡在 2011 年一次性给予个人 20% 的所得税退税优惠，越南免除了月收入低于 430 美元的居民的个人所得税。

5.1.1　美国的个人所得税税率

前文在介绍美国个人所得税费用扣除标准的时候，我们知道美国个人所得税的申报者可以分为四种，即单身、已婚联合、已婚单独和户主，针对不同性质的纳税人，税法规定了不同的费用扣除标准。同样，申报者的身份差别在税率上也体现出来了。美国的个人所得税适用 7 级超额累进税率，按照收入划分级距，每一级距适用不同的税率。根据美国最新的 2020 年个人所得税税率表，按照申报者的不同身份整理数据，见表 5-2 ～ 表 5-5[①]。表 5-6、表 5-7 分别为 2012 年和 2013 年美国个人所得税税率。

表 5-2　单身个人申报（单位：美元）

收入最低限制	税率
0 ～ 9 875	10%
9 876 ～ 40 125	12%
40 126 ～ 85 525	22%
85 526 ～ 163 300	24%
163 301 ～ 207 350	32%
207 351 ～ 518 400	35%
518 400 以上	37%

表 5-3　户主申报（单位：美元）

收入最低限制	税率
0 ～ 14 100	10%

---

① 资料来源：http://taxes.about.com/od/Federal-Income-Taxes/fl/Federal-Income-Tax-Rates-for-the-Year-2014.htm

收入最低限制	税率
14 101 ～ 53 700	12%
53 701 ～ 85 500	22%
85 501 ～ 163 300	24%
163 301 ～ 207 350	32%
207 351 ～ 518 400	35%
518 400 以上	37%

表 5-4　已婚单独申报（单位：美元）

收入最低限制	税率
0 ～ 9 875	10%
9 876 ～ 40 125	12%
40 126 ～ 85 525	22%
85 526 ～ 163 300	24%
163 301 ～ 207 350	32%
207 351 ～ 311 025	35%
311 025 以上	37%

表 5-5　已婚联合申报（单位：美元）

收入最低限制	税率
0 ～ 19 750	10%
19 751 ～ 80 250	12%
80 251 ～ 171 050	22%
171 051 ～ 326 600	24%
326 601 ～ 414 700	32%
414 701 ～ 622 050	35%
622 050 以上	37%

表 5-6　2012 年美国个人所得税税率表（单位：美元）

适用的税率	单身申报	户主申报	已婚单独申报	已婚联合申报
10%	0 ～ 8 700	0 ～超过 12 400	0 ～ 8 700	0 ～ 17 400
15%	8 701 ～ 35 300	12 401 ～ 47 350	8 701 ～ 35 350	17 401 ～ 70 700
25%	35 301 ～ 85 650	47 351 ～ 122 300	35 351 ～ 71 350	70 701 ～ 142 700
28%	85 651 ～ 178 650	122 301 ～ 198 050	71 351 ～ 108 725	142 701 ～ 217 450
33%	178 651 ～ 388 350	198 051 ～ 388 350	108 726 ～ 194 175	223 051 ～ 388 350
35%	388 350 以上	388 350 以上	194 175 以上	388 350 以上

表 5-7　2013 年美国个人所得税税率表（单位：美元）

适用的税率	单身申报	户主申报	已婚单独申报	已婚联合申报
10%	0 ～ 8 925	0 ～ 12 750	0 ～ 8 925	0 ～ 17 850
15%	8 926 ～ 36 250	12 751 ～ 48 600	8 926 ～ 36 250	17 851 ～ 72 500
25%	36 251 ～ 87 850	48 601 ～ 125 450	36 251 ～ 73 200	72 501 ～ 146 400
28%	87 851 ～ 183 250	125 451 ～ 203 150	73 201 ～ 111 525	146 401 ～ 223 050
33%	183 251 ～ 398 350	203 151 ～ 398 350	111 526 ～ 199 175	223 051 ～ 398 350
35%	398 351 ～ 400 000	398 351 ～ 425 000	199 176 ～ 22 500	398 351 ～ 450 000
39.60%	400 000 以上	425 000 以上	22 500 以上	450 000 以上

　　从表中可以看出，美国个人所得税税率的调整与美国经济发展紧密联系，改革的内容不仅包括边际税率的设置，还包括每一级税率所对应的收入限制，这二者结合在一起，有效地发挥了个人所得税在经济发展中的双重职

能。累进税率具有很强的弹性功能，使得个人所得税对各阶层收入具有较好的调整性，在一定程度上保证了国家财政收入的稳定性，促使经济发展具有连续性。当经济处于迅速增长时期时，具有弹性的累进税率就会对过热的经济产生天然的阻力，遏制消费需求和投资需求的过快增长，冷却过热的经济发展势头；相反，当经济处于萧条阶段时，累进税率会对经济增长产生一定的推动力，通过刺激消费和投资促进经济增长，延缓经济衰退期的到来，达到经济迅速复苏的目的。为了充分发挥个人所得税调节收入分配的职能，美国国会每年都会设置新的税率级距和对应的收入限制，从上面的表格数据可以很清楚地看到这一点。随着美国所得税制度的不断完善，高收入阶层成为个人所得税的缴纳主体，也成为国家财政收入的主要来源。根据美国统计部门统计，美国个人所得税收入的一半以上来自年收入在 30 万美元以上的纳税人。所以，个人所得税税率的调整能有效地减缓高收入阶层收入的过快增长，减少各阶层收入差距。表 5-8 为 1980—2020 年美国个人所得税税率的具体数据。

表 5-8　美国税率演进表 [①]

年份（年）	1981—1980	1986	1987	1990—1989	1992—1991	2000—1993	2001	2002	2003—2012	2013	2019—2020
	14%	11%	11%	15%	15%	15%	15%	10%	10%	10%	10%
	16%	12%	15%	28%	28%	28%	27.5	15%	15%	15%	12%
	18%	14%	28%	—	31%	31%	30.50%	27%	25%	25%	22%
	21%	16%	35%	—	—	36%	35.50%	30%	28%	28%	24%
税率演进	24%	18%	38.50%	—	—	39.60%	39.10%	35%	33%	33%	32%
	28%	22%	—	—	—	—	—	38.60%	35%	35%	35%
	32%	25%	—	—	—	—	—	—	—	39.6%	37%
	37%	28%	—	—	—	—	—	—	—		
	43%	33%	—	—	—	—	—	—	—		

---

① 　资料来源：http：//taxfoundation.org/tax-topics/income-taxes

年份（年）	1981—1980	1986	1987	1990—1989	1992—1991	2000—1993	2001	2002	2003—2012	2013	2019—2020
税率演进	49%	38%	—	—	—	—	—	—	—	—	—
	54%	42%	—	—	—	—	—	—	—	—	—
	59%	49%	—	—	—	—	—	—	—	—	—
	64%	50%	—	—	—	—	—	—	—	—	—
	68%	—	—	—	—	—	—	—	—	—	—
	70%	—	—	—	—	—	—	—	—	—	—

5.1.2　英国的个人所得税税率

英国从 20 世纪 80 年代开始着手开展个人所得税的改革，改革的内容涉及税级、税率和税制结构。1978—2003 年是英国个人所得税改革的黄金时期，在该时期内，英国主要完成了关于所得税税率问题、所得税税级问题以及税制结构问题的改革，主要分以下几个阶段进行。第一阶段：1978—1988年，这个时期主要政策方向是开始进行大幅度减税。英国的个人所得税税率设置以基本税率为核心，若干档高税率和低税率与之配合。1980 年之前，英国政府对薪金收入规定的最高税率高达 83%。另外，按照英国的税法规定，个人投资所得要按照 15% 的税率缴纳附加税，二者加总使得当时的个人所得税最高税率达到 98%，也就是说高收入阶层的收入几乎全部上缴财政。如此高的边际税率与当时的经济、社会情况已不相适应，执政的保守党开始实施以降低最高边际税率为目的的个人所得税制度改革，将最高税率从 83% 降到 60%，标准税率从原来的 33% 降到 30%，还取消了最低边际税率，降低了个人所得税税率的税级；1984 年更是取消了对投资所得 15% 的附加税。经过上述一系列的调整，到 1988 年，英国个人所得税的最高边际税率降至 40%，标准税率降至 25%，税率结构经过 10 年的调整大大简化了。

第二阶段：进一步减少税率级距，形成两极税率结构。按照英国当时的税法规定，个人所得税税率仅为两极，即 25% 和 40%，其中，仅有 5% 的高收入人群按照 40% 的税率缴纳个人所得税，剩下的 95% 的纳税人按照 25% 的税率缴纳个人所得税。这种超简洁的税率级距结构既保证了税率结构的累进性，又兼顾了税收的公平原则和效率原则，在一定程度上很好地体现了税收的中性原则。

第三阶段：调低税率，增加中间税率，形成三级税率级距。20 世纪末期，英国又开始恢复中间税率级距，形成了三级税率级距，主要表现为：个人所得税的标准税率不断调低，从原来的 25% 调低至 22%；最低税率不断调低，从原来的 20% 调低至 10%。进入 21 世纪以后，英国个人所得税的税率结构为低税率 10%、标准税率 22%、高税率 40% 的三级超额累进税率的格局。10% ～ 22% 的个人所得税税率使得英国纳税人承受较低的税收负担，在一定程度上有利于其追求自身的良性发展。

第四阶段：四级税率结构的形成。近几年，随着英国经济形势的发展和变化，政府对个人所得税税率也进行了调整，在原来三级税率结构的基础上，增加一级税率，形成四级税率结构，具体见表 5-9、表 5-10[①]。2011 年至今，英国开始按照四级累进制税率结构设置征收个人所得税，四级税率主要分为初始税率、标准税率、高税率、调整税率。我们以 2011 年为例进行简单的说明。其中的最低税率是指个人收入扣除掉税法规定的免征额标准以及个人进行储蓄行为以后，如果剩下的收入不超过 2 560 英镑，则按照 10% 的税率计算个人所得税；如果超过了 2 560 英镑，则进入更高的税率级别。

表 5-9　2011—2013 年英国个人所得税税率（单位：英镑）

税率	收入限制	
	2011—2012 年	2012—2013 年
10%	0 ～ 2 560	0 ～ 2 710
20%	0 ～ 35 000	0 ～ 34 370
40%	35 001 ～ 150 000	34 371 ～ 150 000
50%	超过 150 000	超过 150 000

表 5-10　2014—2015 年英国个人所得税税率表（单位：英镑）

税率	收入限制	
	2011—2012 年	2012—2013 年
10%	0 ～ 2 790	0 ～ 2 880

---

① 　资料来源：https://www.gov.uk/government/publications/rates-and-allowances-income-tax

税率	收入限制	
	2011—2012 年	2012—2013 年
20%	0 ~ 32 010	0 ~ 31 865
40%	32 011 ~ 150 000	31 866 ~ 150 000
45%	超过 150 000	超过 150 000

由上述的分析我们可以看出，英国个人所得税税率的总体发展方向是减少累进级数和调整边际税率。这在一定程度上充分体现了"宽税基、低税率"的个人所得税税收改革趋势，同时，也简化了征收程序，降低了征收成本，使得税收征管更具效率。

表 5-11　无免征额的个人所得税税率表（2018—2019 年）

税阶	收入范围（英镑）	税率
储蓄收入税率	5 000 以下（含）	10%
起始税率（苏格兰）	2 000 以下（含）	19%
基准税率（苏格兰）	2 001 ~ 12 150	20%
基准税率（英国其他地区）	34 500 以下（含）	20%
中间税率（苏格兰）	12 151 ~ 31 580	21%
高税率（苏格兰）	31 581 ~ 150 000	41%
高税率（英国其他地区）	34 501 ~ 150 000	40%
最高税率（苏格兰）	超过 150 000	46%
加成税率（英国其他地区）	超过 150 000	45%

5.1.3　俄罗斯的个人所得税税率

俄罗斯现行的个人所得税制度是在苏联所得税制度上，由西方市场经济国家的税收制度所演变过来的，其间经过了多次调整和变革，主要分为如下两个阶段：第一阶段，叶利钦政府执政时期。俄罗斯联邦成立以后，当时执政的叶利钦政府为了缓和国内矛盾，迅速恢复经济，颁布了《俄罗斯联邦个人所得税法》，按照该法律的规定，年收入超过 4.2 万卢布的公民需要缴纳个人所得税，税率分为两级：12%和60%。但是，随后恶性通货膨胀到来，居民的名义收入急剧上升，为了保证居民手中货币的实际购买力不受影响，政府一面调增收入限额，一面调低最高税率。到1993年年底，需要缴纳个人所得税的收入限额为100万卢布，最高税率调减一倍。1997年，政府开始新一轮的个人所得税制度改革，颁布了《俄罗斯联邦税制改革的基本方针及加强税收和纳税纪律的措施》，将最高税率从30%提高到了35%。具体数据见表5-12。

表5-12　叶利钦政府时期个人所得税税率表 [①]（单位：卢布）

1993—1994 年		1995 年		1996—1997 年		1998—1999 年	
收入级距	税率	收入级距	税率	收入级距	税率	收入级距	税率
100 万以下	12%	1 000 万以下	12%	1 200 万以下	12%	2 万以下	12%
100 万以上 200 万以下	20%	1 001 万～5 000 万	20%	1 201 万～2 400 万	20%	2 万～4 万	15%
200 万以上	30%	5 001 万以上	30%	2 401 万～3 600 万	25%	4.1 万～6 万	20%
—	—	—	—	3 601 万～4 800 万	30%	6.1 万～8 万	25%
—	—	—	—	4 801 万以上	35%	8.1 万～10 万	30%
—	—	—	—	—	—	10.1 万以上	35%

　　第二阶段：普京政府执政时期。普京政府上台以来，一直致力于俄罗斯全方位的经济复苏，着手进行了一系列的经济体制改革，其中就包括税收制度的改革。税收制度改革是俄罗斯经济改革的重头戏，个人所得税制度改革是税收制度改革的重要内容。普京政府上台以后，把纳税人个人所得税税率由原来的12%～30%级超额累进税率改为单一制税率，即纳税人统一按照13%的单一税率缴纳个人所得税。俄罗斯的这一税率改革降低了国内居民的

---

① 张进昌. 美英俄三国个人所得税税率结构比较与启示 [J]. 税务研究，2003（10）：
　　75-80.

税收负担，简化了税务部门的征管手续，可以说是一场税收体系质的变革。这场变革甚至在欧美掀起了轩然大波。经济学家认为这种单一制比例税率在降低纳税人税收负担的同时，可能会减缓俄罗斯经济的增长速度。但客观事实是税改当年，俄罗斯经济增长超过 5%，税收收入比税改前增加了 28%[①]。学者们普遍认为单一税率的实行有利于改善纳税人的纳税意识，减少偷税漏税现象的产生，提高纳税人的税法遵从意识，在一定程度上增加政府的财政收入，有利于经济迅速恢复[②]。

俄罗斯联邦实行的单一制比例税率在实践中取得了较大的成功，较低的税率和相对简化的税收征管程序最大限度地将纳税人包括进税收体系，使尽可能多的公民具有纳税意识，有利于俄罗斯联邦税收管理的法制化和制度化。另外，降低个人所得税税率，在一定程度上可以吸引投资于国外的本国资本，还可以吸引各国的资本到本国投资，这不仅促进了俄罗斯国内经济的发展，而且提升了俄罗斯的国际竞争力。俄罗斯联邦税收制度改革的成功经验告诉我们，任何一种税收制度都可以带来经济的发展。税制改革的关键不是要实行何种税收制度，而是要实行适合本国国情的税收制度。

5.1.4 巴西个人所得税税率

作为发展中国家的巴西，在席卷全球的经济危机中受到了较大的影响，国内经济发展受到重创。为了缓和经济危机对国内经济的负面影响，巴西政府开始着手进行一系列的经济改革，使得国内经济逐渐复苏。表 5-13 为巴西 2008—2010 年 GDP 增长率的变动情况。从表中数据可以看出，从 2008 年第四季度开始，巴西国内经济由于受到金融危机的影响，出现了负增长，GDP 下滑趋势明显。2009 年第一季度，GDP 继续呈现下滑趋势，但是下滑趋势开始减缓，后三个季度，GDP 下滑趋势虽然有所缓和，但 2009 年全年的经济发展呈现衰退形势。进入 2010 年以后，经济发展逐步走上正常轨道，GDP 增长速度回归常态，究其原因是巴西政府迅速着手进行了一系列的经济改革，其中就包括对个人所得税税率的调整。政府希望通过调整个人所得税税率，达到减少纳税人负担，增加居民可支配收入，拉动国内消费，刺激经济复苏的目的。

---

① 李波. 我国个人所得税改革与国际比较 [M]. 北京：中国财政经济出版社，2011.

② 张进昌. 美英俄个人所得税税率结构比较与启示 [J]. 税务研究，2003（10）：80.

表 5-13 巴西 2008—2010 年 GDP 增长率 [①]

时间	GDP 增长率（%）	
	季度	年
2008 年第一季度	5.80	
2008 年第二季度	6.10	5.10
2008 年第三季度	6.80	
2008 年第四季度	-12.60	
2009 年第一季度	-5.20	
2009 年第二季度	6.00	-0.20
2009 年第三季度	9.00	
2009 年第四季度	4.30	
2010 年第一季度	11.40	
2010 年第二季度	8.80	7.50
2010 年第三季度	6.70	
2010 年第四季度	5.00	

巴西个人所得税税率的调整主要分两个部分完成：其一，增加税率级次；其二，调高税率级距。2008 年年底，巴西税务部门公布了 2009 年和 2010 年的个人所得税税率和税率级距的新标准，具体规定见表 5-14。在没有发生经济危机时，按照当时的税率设计，2009 年的个人所得税税率仅为 15% 和 27.5% 两级，级距划分也比较简单。经济危机以后，政府迅速做出反应，在原有税率级次上增加 7.5%、22.5% 两个税率级次，对每级收入限制也进行了细分。2010 年在保持原有税率级次不变的基础上，提高了每级税率所对应的收入限制，进一步减轻了纳税人的税收负担。经过两年的调整，巴西国内经济所受经济危机的冲击在最短的时间内得到了缓和。2011 年，巴西政府在不改变原有税率的基础上调高了各级税率所对应的收入限制，进行进一步的税收改革。

---

① 资料来源：http://www.ibge.gov.br

表 5-14　巴西 2009—2010 年个人所得税税率（单位：雷亚尔）

原定的 2009 年税率		2009 年新的税率		2010 年税率	
应纳税额	税率（%）	应纳税额	税率（%）	应纳税额	税率（%）
小于 1 434.59	0	小于 1 434.59	0	小于 1 499.15	0
1 434.60～2 866.7	15	1 434.6～2 150	7.50	1 499.16～2 246.75	7.50
超过 2 866.7	27.50	2 150.01～2 866.7	15	2 246.76～2 995.7	15
—	—	2 866.71～3 582	22.50	2 995.71～3 743.19	22.50
—	—	超过 3 582	27.50	超过 3 743.19	27.50

5.1.5　德国个人所得税税率

德国个人所得税税率采用的是几何累进税率。我们以 2010 年德国个人单身申报个人所得税为例来说明德国个人所得税税率是如何设置的。表 5-15 为 2010 年德国个人单身申报个人所得税税率表。从表中我们可以看出，在德国的 5 级税率结构中，第 1 级、第 4 级和第 5 级的税率为单一税率，第 2 级、第 3 级的税率仅给出了税率区间，并未具体说明在实践中如何操作。那么当纳税人的收入所得处于第 2 级和第 3 级的收入区间时，如何计算应缴纳的个人所得税呢？我们按照插值法和税收原理计算方法对表 5-15 中的相关数据进行分解，即可得到表 5-16。

表 5-15　2010 年德国单身申报个人所得税税率表

级数	应纳税所得（欧元）	税率（%）
1	小于 8 004	0
2	8 005～13 469	14～24
3	13 470～52 881	25～42
4	52 882～2 570 730	43
5	250 731	45

表 5-16　2010 年德国单身申报个人所得税税率 ①

级次	应纳税所得额（欧元）	税率（%）	速算增加数	速算扣除数
1	不超过 8 004	0	0	0
2	8 004 ～ 8 304	14	0	1 120.56
3	8 305 ～ 8 804	15	42	1 203.6
4	8 805 ～ 9 404	16	117	1 291.64
5	9 405 ～ 9 904	17	213	1 385.68
6	9 905 ～ 10 404	18	298	1 484.72
7	10 405 ～ 11 104	19	388	1 588.76
8	11 105 ～ 11 504	20	521	1 699.8
9	11 505 ～ 12 204	21	601	1 814.84
10	12 205 ～ 12 504	22	748	1 936.88
11	12 505 ～ 13 404	23	1 022	2 061.96
…	……	…	…	…
31	52 882 ～ 250 730	42	14 008	8 172.62
32	250 730 以上	45	97 134	15 694

从上表可以看出，德国个人所得税税率实际是按照从 14% 到 45% 31 个级次划分的，也就是说税率每变动 1%，就有相应的应纳税所得额与之相对应。这样的税率设置更为精确，精确税率设置可以增加纳税人的可支配收入。但是这样的税率在实际操作中比较复杂，加大了税务部门的征收成本，虽然精确度比较高，但是不易操作执行。

5.1.6　日本个人所得税税率

日本个人所得税法律规定，居民应就下列所得缴纳个人所得税：①利息所得，指债券与存款利息和贷款信托、债券信托的收益；②股息所得，指股票、入股的分红和证券投资信托（不包括债券信托）的收益；③不动产所

---

① 王红晓．德国个人所得税税率的特别设计及对我国的启示 [J]．税政经济研究，2011（3）：35-38.

得，因使用或转让不动产所取得的所得；④经营所得，指从事农业、渔业、制造业、批发业、零售业、服务业等经营而取得的收入；⑤工薪所得，指工资、薪水、奖金以及其他类似收入；⑥转让所得，是指出售土地、房屋、高尔夫俱乐部会员权、股票等资产的收入（不包括出售库存资产的收入）；⑦偶然所得，指抽奖、赛马中彩的奖金，人寿保险合同到期等一次性收入，一次性收入是指无须付出劳动服务可即得到的收入或通过转让资产而得到的收入，以盈利为目的的连续性行为所产出的收入以外的一次性收入；⑧山林所得，指出售拥有 5 年以上所有权的山林或该山林的树木、活树等的收入；⑨退休所得，指退职时得到的退职金和一次性补贴等；⑩其他所得，指公共津贴、养老保险收入、非专业作者的稿费以及非经营性借款的利息，以上①–⑨项所不能涵盖的收入。在分别按规定扣除相应的额度后，工薪税按照 7 级累进制征收，其他财产性、经营性税率按照 15% 征收。根据日本财务省的信息，日本的税收征管办法每年都有更新，最新的工薪所得税按照总收入扣除计算的就业收入扣除额，再扣除个人扣除额，然后余额适用 7 级累进税率计算应交个人所得税。7 级累进税率分别为 5%、10%、20%。23%、33%、40%、45%，具体规定见表 5-17。

表 5-17 日本个人所得税税率表

应纳税所得额（日元）		税率（%）
—	1950 000 以下	5
大于 1 950 000	3 300 000 以下	10
大于 3 300 000	6 950 000 以下	20
大于 6 950 000	9 000 000 以下	23
大于 9 000 000	18 000 000 以下	33
大于 18 000 000	40 000 000 以下	40
大于 40 000 000	—	45

5.1.7 国别比较之总体评价

综上所述，各国在进行个人所得税税率改革时，一般的改革路径为减少税率档次和降低边际税率。但是随着不断财政需求的增长以及收入差距的不断扩大，一方面为了保证政府财政支出的资金来源，另一方面为了进一步缩小收入差距，各国的个人所得税税率改革逐步落实到一边细化累进档次，一边提高最高边际税率，这种税收制度改革一直持续到 20 世纪后期。根据前面的分析，我们可以知道，所得税的累进性会产生替代效应，随着累进档次的增加和边际税率的提高，替代效应的产生会使效率和福利的损失逐步加大，这对经济的发展会产生明显的阻碍作用。为了阻止该阻碍作用的产生，20 世纪 90 年代开始的税收制度改革逐步着眼于优化税率结构。据学者统计，在随后的 10 年内，OECD 成员国中，大多数国家开始降低最高边际税率，平均降低幅度为 10% 左右。OECD 成员国中，有 16 个国家减少了税收档次，从原来的最高 10 档降到了 6 档左右，各国开始迈入"低税率、少档次"的税率结构时代[①]。具体变化见表 5-18。

表 5-18　部分 OECD 国家个人所得税税率变化情况[②]

国家	级次		国家	级次	
	2000 年	2005 年		2000 年	2005 年
卢森堡	17	16	日本	4	4
瑞士	12	12	韩国	4	4
法国	6	6	荷兰	4	4
葡萄牙	5	6	奥地利	4	3
美国	5	6	丹麦	3	3
比利时	7	5	希腊	5	3
芬兰	6	5	挪威	3	3
墨西哥	10	5	荷兰	3	3
西班牙	6	5	瑞典	3	3
土耳其	6	5	英国	3	3
新西兰	4	5	匈牙利	3	2
澳大利亚	4	4	冰岛	2	2
加拿大	3	4	爱尔兰	2	2
捷克	4	4	斯洛伐克	7	1
意大利	5	4	—	—	—

---

① 贾敬全. 个人所得税的功能定位及税率设计的理论分析 [J]. 宿州学院学报,2005(12): 27.

② 资料来源: Brys, B. 和 H. Christopher。

表 5-19 为世界各国个人所得税税率表。从该表中我们通过对比获悉，与世界其他国家相比，我国目前的个人所得税最低边际税率为全世界最低，而最高边际税率设置处于中等偏上的位置。

表 5-19 各国个人所得税税率表

国家	个人所得税税率（%）	国家	个人所得税税率（%）
阿根廷	9～35	意大利	23～43
比利时	25～50	日本	10～37
巴西	7.5～27.5	拉脱维亚	25
加拿大	15～29	立陶宛	15～27
中国	3～45	卢森堡	6～38.95
捷克	12～32	马耳他	15～35
塞浦路斯	20～30	墨西哥	3～29
丹麦	38～59	摩洛哥	0～41.5
埃及	20～40	荷兰	0～52
爱沙尼亚	22	挪威	28～51.3
芬兰	9～32	巴基斯坦	7.5～35
法国	10～48.09	菲律宾	5～32
德国	15～42	波兰	19～40
希腊	0～40	葡萄牙	10.5～40
匈牙利	18～36	罗马尼亚	16
印度	10～30	俄罗斯	13
印度尼西亚	5～35	新加坡	3.75～21
爱尔兰	20～41	斯洛伐克	19
以色列	10～48	南非	18～40
英国	0～40	西班牙	15～45
美国	0～35	泰国	5～37
越南	0～40	土耳其	15～35
赞比亚	10～30		

另外，单一制税率开始出现，表 5-20 列示了实行单一制税率的国家。

表 5-20　实行单一制的国家和地区 [1]

国家或地区	单一制税率（%）	生效时间
泽西岛	20	1940
中国香港	15	1947
根西岛	20	1960
牙买加	25	1986
爱沙尼亚	21	1994
立陶宛	24	1994
拉脱维亚	25	1995
俄罗斯	13	2001
斯洛伐克	19	2004
乌克兰	15	2004
伊拉克	15	2004
罗马尼亚	16	2005
格鲁吉亚	12	2005
吉尔吉斯斯坦	10	2006
德涅斯特河沿岸共和国	10	2006
特立尼亚	37	2006
冰岛	35.70	2007
哈萨克斯坦	10	2007
蒙古	10	2007
马其顿	10	2007
蒙特尼格罗	15	2007
阿尔巴尼亚	10	2007
毛里求斯	15	2007
捷克	15	2008
保加利亚	10	2008
波黑	10	2008
白俄罗斯	12	2009

---

[1]　资料来源：克里斯爱德华滋、丹尼尔 . J. 米切尔、冯兴元、2010.

5.2　我国个人所得税税率分析

5.2.1　我国个人所得税税率的变化历程

20 世纪后期，我国计划开征个人所得税，最初设定的税率模式为比例税率和累进税率相互结合，工薪所得按累进税率征收，其他所得按比例税率征收。表 5-20 为我国 1980 年制定的工资薪金个人所得税税率，表 5-21 为1980 年我国劳务报酬等其他所得的个人所得税税率。

表 5-21　1980 年我国个人所得税税率表

级数	级距（元）	税率（％）
1	800 以下	0
2	801 ～ 1 500	5
3	1501 ～ 3 000	10
4	3001 ～ 6 000	20
5	6001 ～ 9 000	30
6	9001 ～ 12 000	40
7	12001 以上	45

表 5-22　1980 年我国个人所得税比例税率表

序号	应税项目	税率（）
1	劳务报酬所得	20
2	特许权使用费所得	20
3	利息、股息、红利所得	20
4	财产租赁所得	20
5	其他所得	20

1986 年，随着改革开放的深入，居民收入水平不断提高，为了适应新的经济形势，我国开始进行税收制度的改革，国务院随即发布了《中华人民

共和国个人收入调节税暂行条例》，规定对本国公民的个人收入统一征收个人收入调节税，具体的税率规定见表5-22、表5-23。从表中数据可以看出，政府相关部门在设置税率时已经充分意识到地区之间应存在差距，开始考虑按照地区划分计税依据，这可以看作我国税收制度改革的一大创新。但是，由于我国人口流动性较强，再加上按照地区划分会给税务部门带来较大的征收成本，所以这种税率设置在我国没有被完全推广，持续了几年之后即被新的税率制度所代替。

表5-23　1986年个人所得税累进税率表（单位：元）

档次	一	二	三	四	税率（%）
适用区间	六类和六类以下工资区	七、八类工资区	九、十类工资区	十一类工资区	
地区计税基数	100	105	110	115	
超基数的倍数	全月应纳税收入				
3倍	401～500	421～525	441～550	460～575	20
4倍	501～600	526～630	551～650	576～690	30
5倍	601～700	631～735	661～770	691～805	40
6倍	701～800	736～840	771～880	806～920	50
7倍	800以上	840以上	880以上	920以上	60

表5-24　1986年比例税率表

序号	应税项目	税率（%）
1	专利权的转让、专利实施许可和非专利技术的提供、转让取得的收入	20
2	投稿、翻译取得的收入	20
3	利息、股息、红利所得	20
4	经营企业投资者用于个人消费的税收利润、工资收入	税收利润按40征收

1993年，我国政府开始进行新一轮的税收制度改革，其中也涉及了个人所得税税率的调整，在原有7级累进税率的基础上取消了0级税率的规定，增加了15%、25%和35%三级税率，形成9级累进税率。同时，将最低税率

对应的收入限制从原来的 800 元降至 500 元，并相应调整了每一级税率所对应的收入限制。1993 年我国个人所得税税率见表 5–25。

表 5-25　1993 年我国个人所得税税率

级数	级距（元）	税率（％）
1	500 以下	5
2	501 ～ 2 000	10
3	2 001 ～ 5 000	15
4	5 001 ～ 20 000	20
5	20 001 ～ 40 000	25
6	40 001 ～ 60 000	30
7	60 001 ～ 80 000	35
8	80 001 ～ 100 000	40
9	100 000 以上	45

　　2011 年，全国人大第十一届常务委员会第二十一次会议通过了《关于修改〈中华人民共和国个人所得税法〉的决定》，开启了新一轮个人所得税制度改革的篇章，改革的内容涉及个人所得税的多个方面，其中税率的具体变动见表 5–26 所示。从表中可以看出，与 1993 年的个人所得税税率设置相比，2011 年的改革对原有制度进行了较多的调整。首先，将最低税率从 5%降至 3%，取消了 15% 和 40% 两档税率。其次，调整了税率级距。将原来最低税率对应的收入级距从 500 元调增至 1 500 元，增幅高达 200%，同时加大了每一税率所对应的级距跨度。最后，降低最高税率所对应的收入限制，从原来的 100 000 元降至 80 000 元，降幅为 20%。这次个人所得税税率设置的调整，在一定程度上减轻了低收入阶层的税收负担，加大了对高收入阶层的征收力度，可以认为是国家和政府改变国内收入差距不断拉大的经济形势的一种态度。

表 5-26　2011 年个人所得税累进税率表

级数	级距（元）	税率（%）
1	不超过 1 500	3
2	1 501～4 500	10
3	4 501～9 000	20
4	9 001～35 000	25
5	35 001～55 000	30
6	55 001～80 000	35
7	超过 80 000	45

5.2.2　我国个人所得税税率存在的问题

关于我国个人所得税税率存在的问题，本书主要从税率设置和公平税负的角度来阐述。

首先，我国税率设计存在较多的问题。第一，税率形式过多。现行的个人所得税制度把收入分为 11 个等级，按照不同的收入来源分别规定了两类 5 种税率。这样的税率设置造成税基复杂多变，税务征管部门较难界定收入来源属性，导致收入相同的纳税人由于收入来源属性的界定不明确而承担不同的税负，进而产生税收横向不公平。同时，收入来源划分过细，也给税收征管带来了较大的工作量。因为不同所得适用不同税率，纳税人出于"经济人"的思维，会倾向于选择较低税率缴纳税款，最终导致税收部门税款的流失。第二，税率级次过多。从表 5-18 可以看出，不断减少税率级次是世界个人所得税改革的总体趋势，相较于世界其他国家，我国现行的 7 级税率级次无形中增加了征税成本，计算起来也比较烦琐，造成行政部门工作效率低下。第三，边际税率过高。图 5-1 为 2009 年我国和世界部分国家的最高边际税率比较，通过比较可以看出，我国的最高边际税率位于世界前十。中国作为发展中国家，税收制度的改革应该更为关心最高边际税率在税收制度中对效率的影响。现行的最高边际税率，能达到该标准的工薪阶层的纳税人少之又少，这就导致了最高边际税率形同虚设。所以应当在合理范围内适当减少最高边际税率，盲目降低并不是可取之法。

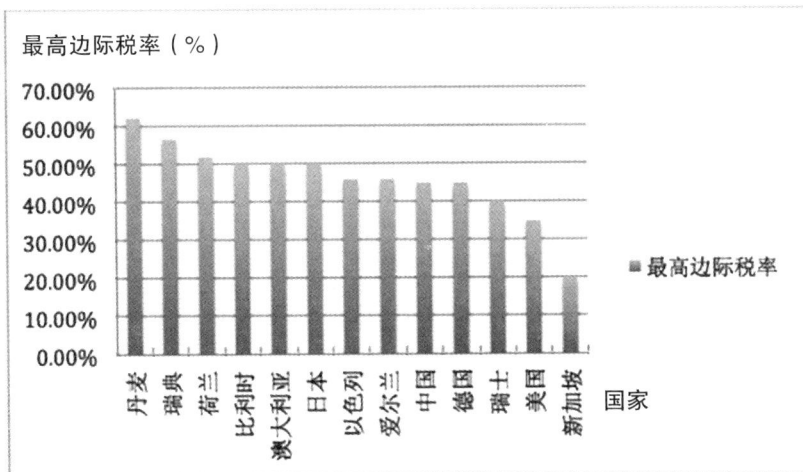

图 5-1   部分国家最高边际税率比较 [1]

　　其次，我国现阶段的税率设置导致纳税人税负差异较大。个人所得税的设置主要是针对工资薪金收入所得，个人所得税税收制度的设置却很好地把工资薪金收入纳入调节的对象，个人所得税每年的税收中，来自工薪所得的收入占据了较大的比例。相关资料显示，目前的 7 级累进税率中，1 到 3 级税率使用普遍，3 级以上税率使用频率较少。所以降低边际税率可以对缩小收入差距起到一定的调节作用。随着经济的发展，我国居民收入多元化趋势不断加大，经营性收入、财产性收入和第二、三职业收入比重不断增加，相对应的工资性收入比重不断减少，分类税率必然会使多种收入来源的纳税人重复征税，但如果适当调低边际税率，上述情况的发生将会随着个人所得税对高收入阶层的调节力度的加强逐步减弱。

　　最后，税率结构的复杂繁多不仅会增加税务部门的征收成本，还会给纳税人逃避纳税提供客观的可能，在一定层面上给纳税人通过不同收入间的转化进行逃税提供了有利的条件，为纳税人通过使收入所得均衡化、利用税收优惠、一次性收入多次化等方式进行税收规避提供了契机，造成税收效率的损失，在一定程度上扭曲了税制设置的预期目标，影响税收制度最终的实施效果。形式上过高的边际税率还会降低纳税人对未来收益的预期，改变劳动者对劳动和闲暇的偏好以及产生消极怠工的负面情绪。相反，较低的边际税率却可以降低高收入者偷税漏税的动机，促使纳税人按照法律规定缴纳税款。

---

[1]　http://www.gfmag.com/tools/global--database

5.3　国际比较对我国个人所得税税率设置的启示

5.3.1　税率级次调整的幅度

首先分析美国个人所得税税率的变化情况。根据表5-2～表5-8的数据分析，第一，从1980年到2013年，美国个人所得税边际税率共进行了10次调整。1986年将原来的15级税率调减为13级，1987年对税率级次进行了较大的调整，原来的13级税率骤减至5级税率，1989年继续精简税率级次，改为2级，整个税率仅设置最高边际税率和最低边际税率。1991年，在最高边际税率和最低边际税率之间加入了中间税率，税率级次变为3级。1993年到2001年9年间，个人所得税税率级次保持5级不变。从2002年到2012年，美国个人所得税税率级次稳定地保持在6级，2013年，在此基础上增加了1级最高边际税率，用以调节高收入阶层的可支配收入。

英国关于个人所得税税率级次的调整主要经历了4个阶段，从最初的2级税率到过渡时期的3级税率，再到现在稳定的4级税率。相较于美国而言，英国个人所得税的税率级次变化较小，并且呈现逐步增加的趋势。

俄罗斯最初的个人所得税税率级次为2级，即最高边际税率和最低边际税率，1993年，政府开始着手进行个人所得税制度改革，将原来的2级税率调增为3级税率，该种税率次级模式一直持续到1997年。1998年新一轮的个人所得税制度改革在原来3级税率级次的基础上增加了2级税率，个人所得税固定为5级税率，这种税率级次设置一直持续到普京政府上台。普京政府上台以后，对国家税收制度和结构进行了较大范围的调整，将个人所得税5级税率减少到1级，累进制税率改为单一制税率，税率模式有了大的变动。这种质的改变手法引起了欧美等国学者的普遍关注，他们认为这样的税率制度改革对国家经济发展会产生一定的推动作用。特殊的人文地理环境和资源结构，再加上计划经济对俄罗斯经济深层次的影响，使一部分俄罗斯人缺乏工作的积极性和主动性，另外，俄罗斯较少的人口数量更在一定程度上造成了国内劳动力短缺现象的发生。劳动供给短缺和工作效率低下成为制约俄罗斯经济发展的瓶颈之一。个人所得税取消累进税率，实行比例汇率，居民可支配收入增加，进一步调动了居民工作的积极性。

经济危机爆发后，巴西政府采取紧急预防手段，干预宏观经济，进行经济体制改革。经济体制改革涉及税收制度改革，其中就包括个人所得税税率级次调整：将原来的 3 级税率调整为 5 级税率，增加了中间税率级次。税收制度的改革与其他改革手段相配合，使得 2010 年经济较 2009 年有较快增长。

德国的个人所得税税率初看为 5 级税率，但是经过计算拆分后细化为 32 级税率，这种税率结构虽然可以很好地发挥个人所得税的调节职能，但是操作复杂。目前，我国的税收征管制度也存在较大问题，所以该种税率结构设置并不适用于我国。

1980 年我国个人所得税制度初建时，税率级次为 7 级。6 年后，调整为 5 级。1993 年时，个人所得税制度改革将 5 级税率调整为 9 级税率，2011 年，从 1993 年的 9 级调整为 7 级税率，目前我国的个人所得税税率仍为 7 级税率。

综上所述，无论是发达国家还是发展中国家，都在寻找符合本国经济发展情况的最优税率级次。我国目前的 7 级税率级次经过实践和时间的检验证明，并未增加个人所得税在税收收入中的占比，所以，应当调整个人税率级次。我国进行税率级次的调整不能完全照搬他国经验，如俄罗斯的"一刀切"模式和德国的"几何累进税率"模式，可以参考美国的税率级次的调整方向。之所以借鉴美国是因为该国的个人所得税是第一大税，并且，其税收制度是世界上最完善的，具有很高的借鉴价值，但是无论是总收入水平，还是人均收入水平，或者最高收入水平，美国均要高出我国，所以，在借鉴时要把握好度。因此，我们建议将我国税率级次暂时调整为 5 级，同时，根据"减税率级次，宽税基"的世界大趋势，逐步减少税率级次。当我国市场经济化程度逐步提高时，可根据经济发展状况固定为 4 级税率，即包括初级税率、标准税率、调整税率和最高税率的级次结构。

5.3.2　各级税率收入限制的调整

在税率结构中，每级税率所对应的收入限制的变动，也会对个人所得税职能的发挥产生影响，所以，在完成对税率级次的研究后，我们展开对每级税率对应的收入限制的分析。鉴于数据的完整性，本部分的分析仅根据美国的数据展开。我们整理了美国 2002—2012[①] 年人均月收入与 1 级税率对应的最高收入限制标准之比，见表 5-27。以此类推，表 5-28 ～表 5-31 分别为 2 级、3 级、4 级、5 级税率与人均月收入之比。

---

① 之所以选择这个时间段主要是因为该阶段，美国个人所得税税率级次保持固定不变，便于计算和比较。

表 5-27 人均月收入与个人所得税 1 级税率最高收入限制之比（单位：美元）

年份	个人所得税 1 级税率的收入限制	人均月收入	二者之比
2002	6 000	3 034	1.98
2003	7 000	3 145	2.23
2004	7 150	3 329	2.15
2005	7 320	3 507	2.09
2006	7 550	3 694	2.04
2007	7 825	3 815	2.05
2008	8 025	3 909	2.05
2009	8 350	3 781	2.21
2010	8 375	3 900	2.15
2011	8 500	4 138	2.05
2012	8 700	4 289	2.03

表 5-28 人均月收入与个人所得税 2 级税率最高收入限制之比（单位：美元）

年份	个人所得税 2 级税率的收入限制	人均月收入	二者之比
2002	27 950	3 034	9.21
2003	28 400	3 145	9.03
2004	29 050	3 329	9.73
2005	29 700	3 507	8.72
2006	30 650	3 694	8.45
2007	31 850	3 815	8.3
2008	32 550	3 909	8.3
2009	33 950	3 781	9
2010	34 000	3 900	8.7
2011	34 500	4 138	8.3
2012	35 360	4 289	8.2

表 5-29　人均月收入与个人所得税 3 级税率最高收入限制之比（单位：美元）

年份	个人所得税 3 级税率的收入限制	人均月收入	二者之比
2002	67 700	3 034	22
2003	68 800	3 145	22
2004	70 350	3 329	21
2005	71 950	3 507	21
2006	74 200	3 694	20
2007	77 100	3 815	20
2008	78 850	3 909	20
2009	82 250	3 781	22
2010	82 400	3 900	21
2011	83 600	4 138	20
2012	85 650	4 289	20

表 5-30　人均月收入与个人所得税 4 级税率最高收入限制之比（单位：美元）

年份	个人所得 4 初级税率的收入限制	人均月收入	二者之比
2002	141 250	3 034	47
2003	143 500	3 145	46
2004	146 750	3 329	44
2005	150 150	3 507	43
2006	154 800	3 694	42
2007	160 850	3 815	42
2008	164 550	3 909	42
2009	171 550	3 781	45
2010	171 850	3 900	44
2011	174 400	4 138	42
2012	178 650	4 289	41

表 5-31　人均月收入与个人所得税 5 级税率最高收入限制之比（单位：美元）

年份	个人所得税 5 级税率的收入限制	人均月收入	二者之比
2002	307 050	3 034	101
2003	311 950	3 145	99
2004	319 100	3 329	96
2005	326 450	3 507	93
2006	336 550	3 694	91
2007	349 700	3 815	92
2008	357 700	3 909	91
2009	372 950	3 781	99
2010	373 650	3 900	96
2011	379 150	4 138	92
2012	388 350	4 289	91

从上述表中数据可知，美国个人所得税 1 级税率对应的最高收入限制约为人均月收入的 2 倍，2 级税率为人均月收入的 9 倍，3 级税率为人均月收入的 20 倍，4 级税率为人均月收入的 43 倍，5 级税率为人均月收入的 95 倍。

基于国际个人所得税"少税级、宽税基"的改革趋势，我国应当适时调整个人所得税每级税率所对应的最高收入限制。美国每年都会根据经济发展情况调整每级税率的最高收入限制，这样的调整紧贴经济发展形势，可以最大限度地完善个人所得税制度。根据上面的分析可知，美国每年每级税率的最高收入调整与人均月收入之间存在一定的比例关系。具体到我国，出于数据连续性和可得性的考虑，我们采用人均月可支配收入计算最高收入限制。2014 年，我国人均可支配年收入为 28 844 元，则人均月可支配收入为 2 403 元，按照此标准，假设采用 5 级税率结构，其中 1 级税率对应的最高收入标准为人均月可支配收入的 2 倍，2 级为 9 倍，3 级为 20 倍，4 级为 43 倍，那么，2014 年我国每级税率所对应的收入级距见表 5-32（取整数）。而且，每年还可根据人均月可支配收入的变动调整。

表 5-32　5 级个人所得税税率的个人可支配收入限制（单位：元）

税率级次	个人可支配收入限制
1	0 ～ 4 800
2	4 801 ～ 22 000
3	22 001 ～ 48 000
4	48 001 ～ 100 000
5	100 000 以上

5.3.3　"十四五"我国个人所得税各级税率收入限制预测

要想完成"十四五"我国个人所得税税率的预测，仅需知道"十四五"期间我国人均月可支配收入的情况，依据表 4-24 的预测值，可计算得到"十四五"期间，个人所得税各级税率的收入限制，见表 5-33 ～表 5-37。

表 5-33　2021 年 5 级个人所得税税率的个人可支配收入限制（单位：元）

税率级次	个人可支配收入限制
1	0 ～ 7 778
2	7 779 ～ 35 005
3	35 006 ～ 77 788
4	77 789 ～ 167 245
5	167 245 以上

表 5-34　2022 年 5 级个人所得税税率的个人可支配收入限制（单位：元）

税率级次	个人可支配收入限制
1	0 ～ 8 196
2	8 197 ～ 36 881
3	36 882 ～ 81 958
4	81 959 ～ 176 209
5	176 209 以上

表 5-35　2023 年 5 级个人所得税税率的个人可支配收入限制（单位：元）

税率级次	个人可支配收入限制
1	0 ～ 8 613
2	8 614 ～ 38 758
3	38 759 ～ 86 128
4	86 129 ～ 185 175
5	185 175 以上

表 5-36　2024 年 5 级个人所得税税率的个人可支配收入限制（单位：元）

税率级次	个人可支配收入限制
1	0 ～ 9 030
2	9 031 ～ 40 634
3	40 631 ～ 90 298
4	90 299 ～ 194 140
5	194 140 以上

表 5-37　2025 年 5 级个人所得税税率的个人可支配收入限制（单位：元）

税率级次	个人可支配收入限制
1	0 ～ 9 447
2	9 448 ～ 42 511
3	42 512 ～ 94 468
4	94 469 ～ 203 106
5	203 106 以上

5.3.4　边际税率的调整

通过前文的分析可知，目前我国个人所得税税率关于最低边际税率的设置处于世界较低水平，调整的空间较小，而最高税率如图 5-1 所示，处于中上等的位置，不仅高于美国、英国等老牌资本主义国家，与一些发展中国家相比也较高，所以，本部分仅就最高边际税率进行研究。

研究最高边际税率的设置问题，我们主要的依据是王首元、孔淑红采用的比例效用模型。他们通过研究不同收入阶层消费者消费公共物品、私人物品和储蓄的情况，推导出按照收入水平划分的个人所得税税率计算模型，即

$$\frac{c}{c_0+c} - \frac{c}{m_0+m-c} = \frac{m-c}{m_0+m-c}$$

存在多种消费品消费时，效用最大化的恒等式为

$$\frac{c_i}{c_{i0}} - \frac{c_i}{m_0+m-\sum_i c_i} = \frac{m-\sum_i c_o}{m_0+m-\sum_i c_i}$$

则上式可整理为

$$U_G = \left[\frac{G-G^0}{G}\right] + \left[-T/(M-C-T)\right]$$

私人品效用函数为

$$U_C = \left[\frac{C-C^0}{C}\right] + \left[\frac{-C}{M-C-T}\right]$$

储蓄效用函数为

$$U_M = \frac{M-C-T-M^0}{M-C-T}$$

为了使消费者效用最大化，需要满足

$$U = \frac{G-G^0}{G} = \frac{T}{M-C-T} = \frac{C-C^0}{C} - \frac{C}{M-C-T} = \frac{M-C-T-M^0}{M-C-T}$$

分别求偏导数，并且兼顾公平和效率原则，可得到：

效率要求：

$$U = \frac{G-G^0}{G} = \frac{T}{M-C-T} = \frac{C-C^0}{C} - \frac{C}{M-C-T} = \frac{M-C-T-M^0}{M-C-T}$$

公平要求：

$$\sum \frac{\partial U}{\partial \mu} = k$$

其中，k 为常数，且 $k<0$。

求解得：

$$\sum \frac{\partial U}{\partial \mu} = \frac{MC-M^2}{(M-C-\mu M)^2} + \frac{-M^0 M}{(M-C-\mu M)^2} = k$$

整理即为

$$\mu = 1 - \frac{C}{M} - \sqrt{\frac{-1}{k}} \times \sqrt{\frac{1+M^0}{M}}$$

令 $K = \sqrt{-1/k}$，$m = \dfrac{M^0}{M}$，$s = \dfrac{1-C}{M}$，则上式可整理为

$$\mu = s - K\sqrt{1+m}$$

其中，M 为消费者的收入，N 为人口数量，G^0 为保证消费者原始需求的公共品数量，C^0 为保证消费者原始需求的私人品消费数量，M^0 为最低货币持有量。根据 2019 年国家统计局的数据计算，根据上述公式，可计算出最高边际税率的估计值为 30%。同时，参考我国每级税率的设定原则，整理出 5 级税率级次下我国个人所得税各级边际税率设置，见表 5-38。

表 5-38　我国个人所得税各级边际税率

税率级次	税率（%）
1	3
2	10
3	20
4	25
5	30

第6章 个人所得税总量比较与 "十四五" 预测

为了比较直观地分析个人所得税对宏观经济的影响，本章节首先通过国际比较，说明我国个人所得税在国家财政收入中占比较低，给个人所得税制度改革从总量上提供了改革的空间，并在此基础上，预测我国 "十四五" 期间个人所得税总量的变动情况，然后，通过费用扣除标准和税率前后对比，说明个人所得税变化对宏观经济的影响。费用扣除标准和税率变化调整的前后比较主要按照以下方式展开：第一，费用扣除标准按照第 4 章预测出的标准制定时，个人所得税总量的变化；第二，个人所得税费用扣除标准保持每月 5 000 元不变，但税率设置按照第 5 章的计算结果时，个人所得税总量的变化。最后，结合第 2 章中介绍的关于个人所得税对经济安全影响的方法，分析上述情况发生时，个人所得税对经济安全的影响。

6.1 个人所得税总量之国际比较

国家统计局的资料显示，直到 1999 年，官方才开始统计个人所得税在宏观经济发展中的具体数据。而且，其税收收入在总税收收入中所占比例相对较低，作为一种直接税，对国家税收收入贡献相对较小，其发挥调节收入分配的职能也受到一定的限制，但国外的经验告诉我们，其在促进国家经济发展中起到了很大的作用。因此，本章节通过对照美国和 OECD 其他部分国家个人所得税总量，说明我国与其他国家存在的差距。在进行对比时，考虑到各国人口、税收制度、经济发展等情况的差异，同时，为了进一步增强对比的效果，先与美国进行单独的比较，然后，再与 OECD 其他部分国家进行整体比较，分别采用个人所得税 / 财政收入、个人所得税 /GDP 等几个指标。表 6-1 为通过计算得到的我国和美国 1999—2019 年间个人所得税与财政收入和 GDP 的比例。从表中无法直观地看出两个国家的差异，为了显现对比效果，根据表 6-1 数据得到图 6-1 和图 6-2，其中图 6-1 为 1999—2019 年中、美两国个人所得税税收占财政收入的比例，图 6-2 为 1999—2019 年中、美两国个人所得税收入占 GDP 的比例。

表 6-1　1999—2019 年中、美两国个人所得税收入情况

年份	中国		美国	
	占财政收入的比例（%）	占 GDP 的比例（%）	占财政收入的比例（%）	占 GDP 的比例（%）
1999	3.61	0.46	52.63	10.76
2000	4.92	0.66	54.55	11.54
2001	6.07	0.91	56.19	11.55
2002	6.41	1.01	52.00	9.84
2003	6.53	1.04	50.77	8.94
2004	6.58	1.09	49.50	8.40
2005	6.62	1.13	48.26	8.84
2006	6.33	1.13	49.60	9.32
2007	6.21	1.20	50.74	9.81
2008	6.07	1.19	51.85	9.81
2009	5.76	1.16	51.30	8.42
2010	5.82	1.20	50.43	7.79
2011	5.83	1.28	55.42	8.84
2012	4.96	1.12	54.80	8.86
2013	5.06	1.15	53.10	9.77
2014	5.25	1.15	52.89	9.32
2015	6.90	1.25	53.12	8.4
2016	7.74	1.35	51.35	8.51
2017	8.29	1.44	50.37	8.24
2018	8.87	1.51	52.39	7.98
2019	6.57	1.05	52.79	8.14

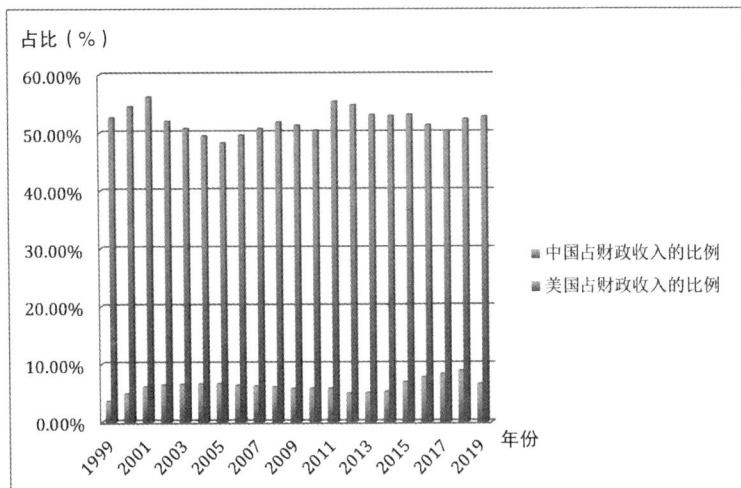

图 6-1 1999—2019 年中、美个人所得税收入占财政收入的比例

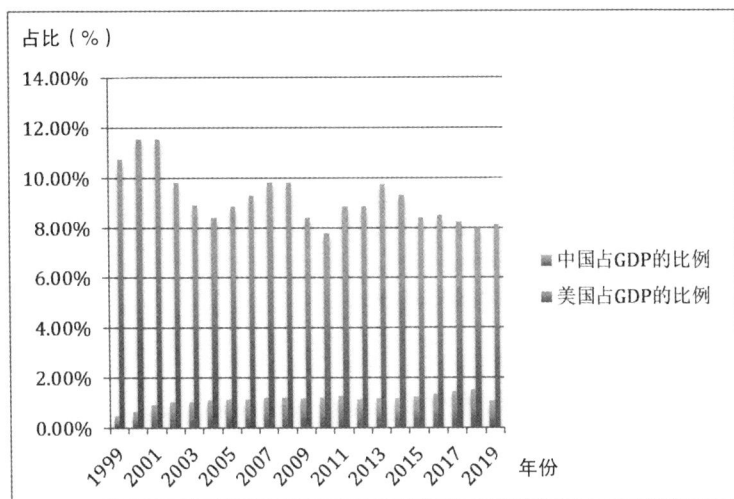

图 6-2 1999—2019 年中、美个人所得税收入占 GDP 的比例

从图中我们可以知道，从 1999 年到 2019 年，美国个人所得税收入总额占 GDP 的比重保持在 10% 左右，我国的情况是没有超过 1.3%，最低年份仅为 0.64%。我国财政收入中，来自个人所得税的仅为 7%，而美国则达一半以上。1999 年到 2005 年，经过一系列的税收制度改革，我国个人所得税税收收入占财政收入的比重从不足 4% 逐步增加到 7% 左右，增幅达到 75%，体现了国家通过税收制度改革增加财政收入的改革理念和方向。但随着 2012 年新一轮税收制度改革的兴起，以减轻纳税人纳税负担为主要目的税收制度改革使得该比例呈现下滑趋势。美国虽然同样经历着税收制度改革的必然发

展阶段，但个人所得税占财政收入的比例始终围绕 50% 的比例上下波动。也就是说，美国财政收入主要依靠个人所得税收入，而我国仅有不足十分之一的财政收入来自个人所得税。

图 6-3 为其他 OECD 国家中部分国家个人所得税收入对比表。从图中可以看出，在 OECD 成员国中，我国税收收入占 GDP 的低于 OECD 的平均值，在整个组织中占比最小，个人所得税占税收收入的比重也低于平均值，仅比日本略高不到一个百分点。所以，个人所得税制度改革还存在很大的上升空间。我们应该牢牢抓住经济全球化发展趋势不断增强的机遇，对现行个人所得税制度相关规定进行深入、细致的调整，最大化个人所得税的税收职能。

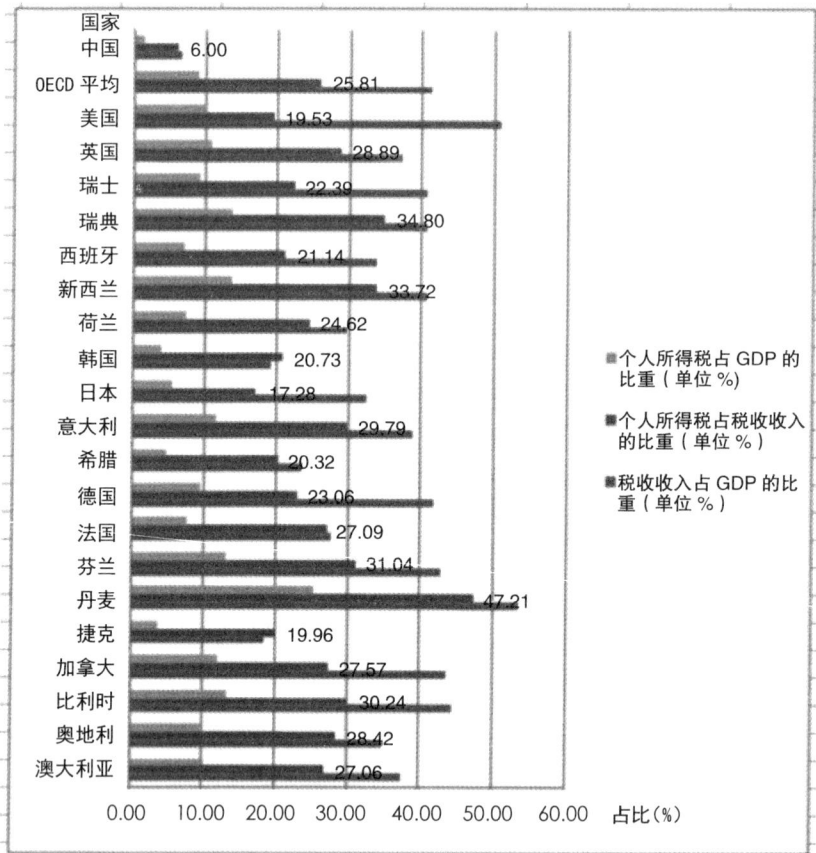

图 6-3　不同国家个人所得税情况对照表 [①]

①　图中数据根据网上搜集资料整理而得。

6.2　个人所得税总量"十四五"预测

6.2.1　预测方法的选择

经济预测的方法多种多样，每一种方法都有其自身的优缺点。为了完整地展现个人所得税的发展趋势，我们在选择经济预测方法时计划采用三种方法，主要是基于以下几点原因：第一，我国个人所得税起步较晚，有统计资料的数据显示从 1999 年才开始，以前年份的数据难以获得，采用多种预测方法可以在一定程度上降低由于数据较少导致的预测结果的不准确；第二，个人所得税总体发展趋势可用的经济预测方法较多，为了让大家更全面的了解经济预测的知识，所以采用多种预测方法。图 6-4 为 1999—2013 年我国个人所得税收入总量曲线图，从图中可以看出，在初期阶段，由于法律制度和征收管理措施相对不完善，再加上居民收入水平有限，个人所得税收入规模较小。随着税收法律制度的健全和居民收入水平的提高，个人所得税总量呈现出平稳增长的态势。随后，由于进行了税收制度改革，个人所得税总量受到一定的影响，反映在曲线图上就是呈现出小范围的波动。我国个人所得税符合事物发展需经历的三个过程——萌芽时期、发展时期和成熟时期，所以，在本部分的预测中，我们分别选择生长曲线预测方法、确定型常参数预测方法和 ES 方法（指数平滑技术分析预测方法），对我国"十四五"期间个人所得税总量进行预测，并根据最终的预测结果，估计个人所得税在"十四五"期间的变动区间。

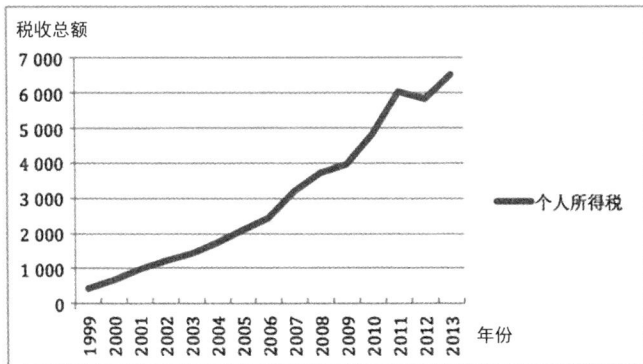

图 6-4　1999—2013 年我国个人所得税税收总额（单位：亿元）

6.2.2 预测方法介绍

6.2.2.1 生长曲线预测法

生长曲线模型（growth curve models）指随着时间的推进，经济事务的观测值逐步推进，并且其推进方式符合生长曲线的一般规律。它按照事务发展各个阶段的特点，把事务发展分为以下三个阶段：萌芽阶段、成长阶段和发展成熟阶段。由于事务所处发展阶段不同，会表现出不同的发展规律。生长曲线法的应用极其广泛，它不仅可以描绘事务发展的基本趋势，还可以准确地预测事务由高速发展变为缓慢发展的转折时期，从而为事务发展规划提供决策。在现实中，一些经济现象的发展规律比较接近或者符合生长曲线模型，所以，在对一些经济现象进行分析时，可以考虑采用此种方法。

生长曲线的模型有很多，本部分采用的是生长曲线模型的一般形式。设 y 为预测经济目标的定量值，则生长曲线基本模型为

$$\ln y = K + ab^t, a < 0, 0 < b < 1$$

假设关于 y 的观测值为 $y_1, y_2, \ldots, y_T$。将 T 个数据平均分为 3 组，每组个数为 $n = T / 3$。设

$$\sum_1 \ln y_t = \sum_{t=1}^{n} \ln y_t = nK + ab\frac{b^n - 1}{b - 1}$$

$$\sum_2 \ln y_t = \sum_{t=n+1}^{2n} \ln y_t = nK + ab^{n+1}\frac{b^n - 1}{b - 1}$$

$$\sum_3 \ln y_t = \sum_{t=2n+1}^{3n} \ln y_t = nK + ab^{2n+1}\frac{b^n - 1}{b - 1}$$

整理并求解可得

$$a = \frac{b - 1}{\left(b^n - 1\right)^2 b}\left(\sum_2 \ln y_t - \sum_1 \ln y_t\right)$$

$$b = \sqrt[n]{\frac{\sum_3 \ln y_t - \sum_2 \ln y_t}{\sum_2 \ln y_2 - \sum_1 \ln y_t}}$$

$$k = \frac{1}{n}\left[\frac{\sum_1 \ln y_t \sum_3 \ln y_t - \left(\sum_2 \ln y_t\right)^2}{\sum_1 \ln y_t + \sum_3 \ln y_t - 2\sum_2 \ln y_t}\right]$$

为了便于计算，两边取对数，即

$$y = \mathrm{e}^{K+ab^t}$$

6.2.2.2 确定型常参数预测方法

确定型常参数预测方法因把预测值作为确定型变量而得名，通过建立确定型模型计算。假设，模型中的待定参数为未知数，预测变量和自变量为已知量，根据历史数据建立有关参数的方程组，方程个数由参数个数决定，通过求解方程即可得到最终预测模型。当参数值求出以后，假设参数为已知变量，预测值为未知变量完成今后年度的预测。

假设：y 为预测值，x_j 为影响 y 的第 j 个自变量，y_i 为 y 的第 i 个观测值；x_{ij} 为 x_j 的第 i 个观测值。y 与 x_j 之间的函数关系为

$$y = \sum_{j=1}^{m} a_j x_j$$

其中，a_j 为待定常参数，衡量 x_j 对 y 的影响关系与程度深浅。一般令 $x_1=1$，即 a_1 为常数项，$m \geqslant 2$。

但是在实际当中，样本信息容量的局限性，再加上信息记录中随机性的存在以及人们认识的局限性，使得 a_j 的真实值难以求出。为了获得 a_j 的值，我们可以根据一些信息推断出其真实值的逼近估计值，我们通过以下模型完成估计：

$$\hat{y} = \sum_{j=1}^{m} \hat{a}_j x_j$$

其中，$\hat{y}$ 是 y 的估计变量，它主要是因为 $\hat{a}_j$ 是 a_j 的估计值而导致 $\sum\limits_{j=1}^{m} \hat{a}_j x_j$ 是 $\sum\limits_{j=1}^{m} a_j x_j$ 的估计值所致。我们应使所选择的 $\hat{a}_j$ 尽量接近 a_j，但是 a_j 为未知数，所以我们只能通过确定 $\hat{a}_j$ 的值使得 $\sum \hat{a}_j x_j = \hat{y}$ 尽量接近 $\sum a_j x_j = y$，间接检验 $\hat{a}_j$ 对 a_j 的逼近程度，应使求得的 $\hat{a}_j$ 满足下列等式：

估计值与实际值的总偏差 $= \sum\limits_{i=1}^{m}\left(\hat{y}_i - i\right) = 0$

即 $\sum\limits_{i=1}^{n}\left(\sum\limits_{j=1}^{m} \hat{a}_j x_{ij} - y_i\right) = 0$

或 $\sum\limits_{i=1}^{n}\sum\limits_{j=1}^{m} \hat{a}_j x_{ij} = \sum\limits_{i=1}^{n} y_i$

上式中包含了 m 个未知数，但是仅有一个方程，因此可能存在无穷多个解。为了增加方程个数从而求得唯一解，我们可以将上式中总偏差为零转化为局部偏差为零，也就是把 n 个历史数据分割为 m 段，割点循序依次为 n_1，n_2，$\cdots$，n_{m-1}，则可得到下列方程：

$$\sum_{i=1}^{n_1}\sum_{j=1}^{m}\hat{a}_j x_{ij} = \sum_{i=1}^{n_1} y_i$$

整理得到下列公式一：

$$\begin{cases} \sum_{i=1}^{n_1}\sum_{j=1}^{m}\hat{a}_j x_{ij} = \sum_{i=1}^{n_1} y_i \\ \sum_{i=n_1+1}^{n_2}\sum_{j=1}^{m}\hat{a}_j x_{ij} = \sum_{i=n_1+1}^{n_2} y_i \\ \cdots \\ \sum_{i=n_{m+1}}^{n}\sum_{j=1}^{m}\hat{a}_j x_{ij} = \sum_{i=n_{m-1}+1}^{n} y_i \end{cases}$$

上面有 m 个未知数，m 个方程，故可得唯一解，设唯一解为 $\hat{a}_j^*$，则估计模型为：

$$\hat{y} = \sum_{j=1}^{m}\hat{a}_j x_j$$

根据上述模型，当 x_j 取历史数据 x_{ij} 时，可得到历史估计值 $\hat{y}_i$，当 x_j 取未来值时，则可得到未来预测值 $\hat{y}_i$，如第 $n+k$ 期的预测值为

$$\hat{y}_{n+k} = \sum_{j=1}^{m}\hat{a}_j x_{n+k}$$

为了便于简单直观地计算求解，我们通过以下变形，将公式一变形为

$$\begin{cases} \sum_{j=1}^{m}\hat{a}_j \sum_{i=1}^{n_1} x_{ij} = \sum_{i=1}^{n_1} y_i \\ \sum_{j=1}^{m}\hat{a}_j \sum_{i=n_1+1}^{n_2} x_{ij} = \sum_{i=n_1+1}^{n_2} y_i \\ \cdots \\ \sum_{j=1}^{m}\hat{a}_j \sum_{i=n_{m-1}+1}^{n} x_{ij} = \sum_{i=n_{m-1}+1}^{n} y_i \end{cases}$$

每一个方程均除以相应的数据个数 $n_k - n_{k-1}$，其中 $n_0 = 1$，$n_m = n$，$k=1$，

2，…，m，则得到

$$\begin{cases} \sum_{j=1}^{m} \dfrac{\hat{a}_j\left(\sum_{i=1}^{n_1} x_{ij}\right)}{n_1} = \left(\sum_{i=1}^{n_1} y_i\right)/n_i \\[3mm] \sum_{j=1}^{m} \hat{a}_j\left(\sum_{i=n_1+1}^{n_2} x_{ij}\right)/(n_2-n_1) = \left(\sum_{i=n_1+1}^{n_2} y_i\right)/(n_2-n_1) \\[3mm] \sum_{j=1}^{m} \hat{a}_j\left(\sum_{i=n_{n-1}+1}^{n} x_{ij}\right)/(n_m-n_{m-1}) = \left(\sum_{i=n_{n+1}}^{n} y_i\right)/(n_m-n_{m-1}) \end{cases}$$

由于 $\left(\sum_{i=n_{k-1}}^{n_1} x_{ij}\right)/(n_k-n_{k-1})$ 和 $\left(\sum_{i=n_{k-1}+}^{n_k} y_i\right)/(n_k-n_{k-1})$ 分别为数据序列中第 k 段及 y 的简单算术平均数，因此我们用 $\bar{x}_j^{(k)}$ 和 $\bar{y}^{(k)}$ 表示，则上式可变为：

$$\begin{cases} \sum_{j=1}^{m} \hat{a}_j \bar{x}_j^{(1)} = \bar{y}^{(1)} \\[2mm] \sum_{j=1}^{m} \hat{a}_j \bar{x}_j^{(2)} = \bar{y}^{(2)} \\[2mm] \qquad \cdots \\[2mm] \sum_{j=1}^{m} \hat{a}_j \bar{x}_j^{(m)} = \bar{y}^{(m)} \end{cases}$$

按照矩阵形式，记 $\bar{Y} = \left\{\bar{y}^{(k)}\right\}_{m\times l}$，$\bar{A} = \left\{\bar{a}_j\right\}_{m\times l}$，$\bar{X} = \left\{\bar{x}_j^{(k)}\right\}_{m\times m}$，则上式变为矩阵形式为

$$\bar{X}\hat{A} = \bar{Y}$$

利用矩阵运算法则可得：

$$\hat{A} = \hat{A}^* = \bar{X}^{-1}\bar{Y}$$

令 $X_{n+k} = \left(x_{(n+k)j}\right)_{1\times m}$，则预测模型可化简为

$$\bar{y}_{n+k} = X_{n+k}\hat{A}^*$$

6.2.2.3　ES 方法

ES 方法与一般意义上的指数平滑平均预测方法不同，一般意义上的指数平滑预测方法仅为 ES 预测方法提供了基础工具。设预测对象变量为 y，

其时间序列资料为 y_i，真实的时间序列函数值为 $y(t) = f(t)$，y_i 围绕 $y(t)$ 波动，$f(t)$ 为真实函数，依据泰勒级数原理，函数可以展开成自变量的 m 次多项式，即

$$y = f(x) = \sum_{j=1}^{m} f^{(j)}(x_0)(x - x_0)^j / j!$$

此式满足两边对 X 的各阶导数在 $x - x_0$ 处相等，则上式可变为

$$y = f(t) = \sum_j a_j(x_0)(x - a)^j$$

$$\text{或} y = f(t) = \sum_j a_j x^j$$

或相应地有

$$y = f(x) = \sum_{j=1}^{m} f^{(j)}(t_0)(t - t_0)^j / j!$$

其中，$f(t)$ 为 y 的真实函数，为未知数，令 $t_0 = n$，则

$$y(t) = f(x) = \sum_{j=1}^{m} f^{(j)}(n)(t - n)^j / j!$$

如果可以计算出 $f^{(j)}(n)$，并且求 $f^{(j)}(n)$ 时采用了全部时间序列资料，$f^{(j)}(n)$ 能随着 n 的变化而变化，则我们可以得到 y 的函数关系式，而将此关系式进一步推广，则此函数关系式可作为预测模型，并且是变参数的预测模型。因此求出 $f^{(j)}(n)$ 最为关键。该方法被称为指数平滑技术预测法。

求解 $f^{(j)}(n)$ 的思路为：建立关于 $f^{(j)}(n)$ 的联立方程组，并使方程组个数与未知数 $f^{(j)}(n)$ 的个数相同，从而求出唯一解。已知量为指数平滑平均值（$m+1$ 次）。一般我们仅讨论 $m=1$ 的情况，即线性逼近：

$$y(t) = f(x) = \sum_{j=1}^{1} f^{(j)}(n)(t - n)^j / j!$$

$$\text{或} y(t) = f(t) = f^{(0)}(n) + f^{(1)}(n)(t - n)$$

一旦求出 $f^{(0)}(n)$、$f^{(1)}(n)$，取 $t > n$，即可展开对未来的预测，并且该预测值随 n 的变化而变化。令 $f^{(0)}(n) = a_n$，$f^{(1)}(n) = b_n$，则上式变为

$$y(t) = a_n + b_n(t - n)$$

假设我们有 p 次指数平滑平均数：

其中，$S_{t-1}^{p-1}(y) = S_0^p = y_0$，$S_t^{t-1}(y) = S_t^0 = y$，$t \geqslant 1$，$p \geqslant 1$。

当 $p=1$ 时，一次平滑指数平均值为

$$S_t^1(y) = aS_t^0(y) + (1-a)S_{t-1}^1(y) = ay_1 + (1-a)S_{t-1}^1(y)$$

当 $p=2$ 时，二次指数平滑平均值为

$$S_t^1(y) = aS_t^1(y) + (1-a)S_{t-1}^2(y)$$

其中，$t \geq 1$，$S_{t-1}^1 = S_{t-1}^2 = y_0$。

在上述基础上，讨论一次、二次指数平滑平均公式的展开形式。

由 $S_t^1(y) = ay_t + (1-a)S_{t-1}^1$ 得

$$S_t^1(y) = ay_t + (1-a)\left[ay_{t-1} + (1-a)S_{t-2}^1\right]$$

$$= ay_t + a(1-a)y_{t-1} + (1-a)^2 S_{t-2}^1$$

$$= ay_t + a(1-a)y_{t-1} + a(1-a)^2 y_{t-2} + (1-a)^3 S_{t-3}^1$$

$$= a\sum_{j=0}^{t}(1-a)^j y_{t-j}$$

上式中，类似地，由 $S_t^2(y) = aS_t^1(y) + (1-a)S_{t-1}^2(y)$ 得

$$S_t^2(y) = a\sum_{k=0}^{t}(1-a)^k S_{t-k}^1$$

则 $S_t^2(y) = a\sum_{k=0}^{t}(1-a)^k\left[a\sum_{j=0}^{t-k}(1-a)^j y_{t-k-j}\right] = a^2\sum_{k=0}^{t}\sum_{j=0}^{t-k}(1-a)^{k+j} y_{t-(k+j)}$

令 $t=n$，有

$$\begin{cases} S_n^1 = a\sum_{j=0}^{n}(1-a)^j y_{n-j} \\ S_n^2 = a^2\sum_{k=0}^{n}\sum_{j=0}^{n-k}(1-a)^{k+j} y_{n-(k+j)} \end{cases}$$

由此可见，S_n^1、S_n^2 包含了全部 y_t 的信息，并且是对 y_t 的加权平均值。但是，尽管从个别看 y_t 与 $y(t)$ 有差异，但是 $\sum_t \varpi_t y_t$ 与 $\sum_t \varpi_t y(t)$ 的差异却可能趋于零，因为 y_t 对 $y(t)$ 的上下误差会抵消。因此上式可改写为

将 $y(n-j) = f^{(1)}(n) + f^{(1)}(n)(n-j-n) = f^{(0)}(n) + f^{(1)}(n)(-j)$ 带入上式

得 $\begin{cases} S_n^1 = a\sum_{j=0}^{n}(1-a)^j\left[f^{(0)}(n) + f^{(1)}(n)(-j)\right] \\ S_n^2 = a^2\sum_{k=0}^{n}\sum_{j=0}^{n-k}(1-a)^{k+j}\left\{f^{(0)}(n) + f^{(1)}(n)\left[-(k+j)\right]\right\} \end{cases}$

展开，得

$$\begin{cases} S_n^1 = \left[a\sum_{j=0}^{n}\left(1-a\right)^j \right] f^{(0)}\left(n\right) + \left[\left(-a\right)\sum_{j=0}^{n}\left(1-a\right)^j \right] f^{(1)}\left(n\right) \\ S_n^2 = \left[a^2\sum_{k=0}^{n}\sum_{j=0}^{n-k}\left(1-a\right)^{k+j} \right] f^{(0)}\left(n\right) + f^{(1)}\left(n\right)[\left(-a^2\sum_{k=0}^{n}\left(1-a\right)^{k+j}\left(k+j\right)\right] \end{cases}$$

通过进一步简化整理，最终的预测模型为

$$\hat{y}\left(t\right) = f_n^0 + f_n^1\left(t-n\right) = 2S_n^1 - S_n^2 + \frac{a}{1-a}\left(S_n^1 - S_n^2\right)\left(t-n\right)$$

其中，$t>n$。

假设 $t=n+k$，则 k 步预测为

$$\hat{y}_{n+k} = 2S_n^1 - S_n^2 + \frac{a}{1-a}\left(S_n^1 - S_n^2\right)k$$

或 $\hat{y}_{n+k} = a_n + b_n k$

其中，$a_n = 2S_n^1 - S_n^2$，$b_n = \frac{a}{1-a}\left(S_n^1 - S_n^2\right)$。

6.2.3　个人所得税总量"十四五"预测

6.2.3.1　生长曲线预测法

我们按照上述方法，根据表6-2中的数据预测我国2021—2025年个人所得税税收总量。

表6-2　1999—2013年我国个人所得税收入总量 [①] （单位：亿元）

年份	时间序号	个人所得税总额
2005	1	2 095
2006	2	2 454
2007	3	3 186
2008	4	3 722
2009	5	3 949
2010	6	4 837
2011	7	6 054
2012	8	5 820
2013	9	6 531

---

① 数据来源：国家统计局网站。

年份	时间序号	个人所得税总额
2014	10	7 377
2015	11	8 617
2016	12	10 089
2017	13	11 966
2018	14	13 872
2019	15	10 389

根据上表数据得到的各个参数为

$$\sum_1 \ln y_t = \sum_{t=1}^{n} \ln y_t = 40.02$$

$$\sum_2 \ln y_t = \sum_{t=n+1}^{2n} \ln y_t = 43.55$$

$$\sum_3 \ln y_3 = \sum_{t=2n+1}^{3n} \ln y_t = 46.46$$

$$b = \sqrt[n]{\frac{\sum_3 \ln y_t - \sum_2 \ln y_t}{\sum_2 \ln y_t - \sum_1 \ln y_t}} = 0.96$$

$$a = \frac{b-1}{\left(b^n-1\right)^2 b}\left(\sum_2 \ln y_t - \sum_1 \ln y_t\right) = -5.47$$

$$K = \frac{1}{n}\left[\frac{\sum_1 \ln y_t \sum_3 \ln y_t - \left(\sum_2 \ln y_t\right)^2}{\sum_1 \ln y_t + \sum_3 \ln y_t - 2\sum_2 \ln y_t}\right] = 12.02$$

则预测模型为

$$y = e^{12.02 - 5.47 \times 0.96^t}$$

根据该模型，得到 2020 年我国个人所得税税收总量为

$$y_{16} = e^{12.02 - 5.47 \times 0.96^{16}} = 9\,637$$

根据 2020 年的预测数据，采用相同的方法，得出我国"十四五"期间，个人所得税税收总量，见表 6-3。

表 6-3 我国"十四五"期间个人所得税总量预测值（单位：亿元）

年份	2021	2022	2023	2024	2025
个人所得税总量预测值	10 799.55	12 046.96	13 379.87	14 797.99	16 300.59

6.2.3.2 确定型常参数预测方法

为了便于分组，我们采用确定型常参数预测方法得到了 2020 年的个人所得税总量预测值。联系前面公式，我们首先把整个时间数据平均划分为两段，计算相关数据如下。

第一段诸变量平均值为：

$$\bar{X}_1^{(1)} = \frac{1+1+1+1+1+1+1+1}{8} = 1$$

$$\bar{X}_2^{(2)} = \frac{1+2+3+4+5+6+7+8}{8} = 4.5$$

$$\bar{Y}^{(1)} = \frac{2\,095+2\,454+3\,186+3\,722+3\,949+4\,837+6\,054+5\,820}{8} \approx 4\,015$$

第二段诸变量平均值为

$$\bar{X}_1^{(2)} = \frac{9+10+11+12+13+14+15+16}{8} = 12.5$$

$$\bar{Y}^{(2)} = \frac{6\,531+7\,377+8\,617+10\,089+11\,966+13\,872+10\,389+9\,637}{8} \approx 9\,810$$

将上述平均值带入公式中有

$$\bar{X}A = \begin{pmatrix} 1 & 4.5 \\ 1 & 12.5 \end{pmatrix} \begin{pmatrix} \hat{a}_1 \\ \hat{a}_2 \end{pmatrix}, \quad \bar{Y} = \begin{pmatrix} 4015 \\ 9810 \end{pmatrix}, \quad \begin{pmatrix} 1 & 4.5 \\ 1 & 12.5 \end{pmatrix} \begin{pmatrix} \hat{a}_1 \\ \hat{a}_2 \end{pmatrix} = \begin{pmatrix} 4015 \\ 9810 \end{pmatrix}$$

即 $\begin{cases} \hat{a}_1 + 4.5\hat{a}_2 = 4015 \\ \hat{a}_1 + 12.5\hat{a}_2 = 9810 \end{cases}$，求解得 $a = \hat{a}_1 = 755.31$，$b = \hat{a}_2 = 724.375$

最后预测模型即为

$$\hat{y} = 755.31 + 724.76x_t$$

根据该模型则我国"十四五"期间，个人所得税总量见表 6-4。

表 6-4 我国"十四五"期间个人所得税总量预测值（单位：亿元）

年份	2021	2022	2023	2024	2025
个人所得税总量预测值	13 076	13 801	14 626	15 251	15 975

6.2.3.3 ES 方法

根据表 6-2 的数据，计算得到表 6-5。表 6-5 为个人所得税总量一次、二次平滑平均值列表。

表 6-5 一次、二次平滑平均值列表（单位：亿元）

年份	t	y_t	S_1	S_2
第 1 年	0	2 095	2 095	2 095
第 2 年	1	2 454	2 203	2 127
第 3 年	2	3 186	2 498	2 238
第 4 年	3	3 722	2 865	2 426
第 5 年	4	3 949	3 190	2 655
第 6 年	5	4 831	3 684	2 964
第 7 年	6	6 054	4 395	3 393
第 8 年	7	5 820	4 823	3 822
第 9 年	8	6 531	5 335	4 276
第 10 年	9	7 377	5 948	4 778
第 11 年	10	8 617	6 748	5 369
第 12 年	11	10 089	7 751	6 084
第 13 年	12	11 966	9 015	6 963
第 14 年	13	13 872	10 472	8 016
第 15 年	14	10 389	10 447	8 745

由于 $n=14$，$S_{14}^1 = 10\,447$，$S_{14}^2 = 10\,465$，令 $a=0.3$，则

$$a_n = a_{14} = 2S_{14}^1 - S_{14}^2 = 10\,429$$

$$b_n = \frac{a}{1-a}\left(S_n^1 - S_n^2\right) = \frac{0.3}{0.7}\left(S_{14}^1 - S_{14}^2\right) = 729$$

以此类推，"十四五"期间，我国个人所得税总量预测值见表 6-6。

$$故\ \hat{y}_{n+k} = y_{14+k} = 10\,429 + 729k$$

2020 年的预测结果为 $\hat{y}_{14+1} = y_{15} = 10\,429 + 729 \times 1 = 11\,158$。

以此为基期预测"十四五"期间我国个人所得税总量，具体结果见表 6-6。

表 6-6　我国"十四五"期间个人所得税总量预测值（单位：亿元）

年份	2021	2022	2023	2024	2025
个人所得税总量预测值	11 887	12 616	13 345	14 074	14 803

6.2.3.4　结　论

通过综合三种预测方法的最终结果，可估算出"十四五"期间我国个人所得税的值，具体为：2021 年，个人所得税总量约为 12 000 亿元；2022 年为 12 800 亿元；2023 年为 13 700 亿元；2024 年为 14 700 亿元；2025 年为 15 700 亿元。

6.3　个人所得税费用扣除标准发生变动对个人所得税总量的影响预测

我们假定个人所得税税率不变，费用扣除标准按照第 4 章的计算结果变动，此时，个人所得税的总量会发生怎样的变化呢？

长期以来，国内众多学者根据大量的统计数据得出我国城镇居民收入状况是服从对数正态分布的，即

$$f(x) = \frac{1}{\sqrt{2\pi}\sigma x} e^{-\frac{(\mu-\ln x)^2}{2\sigma^2}}$$

我们采用最大似然估计得出 μ 和 σ 的值，具体过程如下：

首先构造似然函数得

$$\prod_{i=1}^{n} f\left(x_i, \mu, \sigma^2\right) = \left(\frac{1}{\sqrt{2\pi}}\right)^n \left(\frac{1}{\sigma}\right)^n \prod_{i=1}^{n} \frac{1}{x_i} e^{-\frac{\sum_{i=1}^{n}(\mu-\ln x_i)^2}{2\sigma^2}}$$

两边取对数得：

$$L\left(\mu,\ \sigma^2\right) = -\frac{n}{2}\ln 2 - \frac{n}{2}\ln\sigma^2 - \sum_{i=1}^{n}\ln x_i - \frac{1}{2\sigma^2}\sum_{i=1}^{n}(\mu-\ln x_i)^2$$

分别对 μ、σ^2 求偏导数，同时，令各自偏导数为零得

$$\frac{\partial L}{\partial \mu} = -\frac{1}{\sigma^2} I = \sum_{i=1}^{n}(\mu - \ln x) = 0$$

求解可得

$$\hat{\mu} = \frac{1}{n}\sum_{i=1}^{k} f_i \ln x_i, \quad \hat{\sigma}^2 = \frac{1}{n}\sum_{i=1}^{n}(\hat{\mu} - \ln x)^2$$

根据表 6-7 的数据，我们可以得到如下计算结果：

$$\hat{\mu} = 7.66 \quad \hat{\sigma}^2 = 0.36$$

表 6-7　2012 年分阶层划分的我国城镇居民人均收入 [①]（单位：元）

收入分组	调查户数	比重（%）	平均每户家庭人口	平均每户就业人口	人均全部年收入
最低收入	6 590	4.98	3.3	1.31	9 209.49
低收入	6 601	10	3.21	1.53	13 724.72
中等偏下	13 214	20.03	2.99	1.53	18 374.8
中等收入	13 220	20.04	2.8	1.48	24 531.41
中等偏上	13 201	20.01	2.67	1.47	32 758.8
高收入	6 593	9.99	2.58	1.5	43 471.04
最高收入	6 562	9.95	2.52	1.58	69 877.34

则纳税人的收入分布密度曲线为

$$f(x) = \frac{1}{\sqrt{1.2\pi}x}e^{-\frac{(7.66-\ln x)^2}{0.72}}$$

现在假定我国城镇居民纳税人的收入分布自 2012 年以后保持不变。根据前面的计算方法，2015 年我国个人所得税费用扣除标准为 1 450 元。按照现行税率标准，设 $g_1(x)$ 为 2015 年费用扣除标准为 1 450 元时，纳税人每月缴纳的个人所得税税款，则用分段函数表示为

---

① 　之所以选择 2012 年的数据主要是因为国家统计局公布的 2013 年数据中，收入分类为五类，与以前年度七类分类存在一定的差别，为了保持一致性和精确性，采用 2012 年的数据。

$$g_1(x) = \begin{cases} (x-1\,450) \times 3\% \\ (x-2\,950) \times 10\% \\ (x-5\,950) \times 20\% \\ (x-10\,450) \times 25\% \\ (x-36\,450) \times 30\% \\ (x-56\,450) \times 35\% \\ (x-81\,450) \times 45\% \end{cases}$$

则费用扣除标准为 1 450 元时个人的纳税额期望值为

$$E_1 = \int_{1\,450}^{2\,950} (x-1\,450) \times 3\% \times f(x)\mathrm{d}x + \ldots + \int_{81\,450}^{\infty} (x-81\,450) \times 45\% \times f(x)\mathrm{d}x$$

计算可得 $E_1 = 2\,397$，也就是说每个人每月的期望纳税额为 2 397 元①。

根据国家统计数据整理可得到 2000—2014 年我国城镇就业人口数量，见表 6-8 所示。

表 6-8　2009—2019 年我国城镇就业人口（单位：万人）

年份	城镇就业人口数量
2009	33 322
2010	34 686
2011	35 914
2012	37 102
2013	38 240
2014	39 310
2015	40 410
2016	41 428
2017	42 462
2018	43 419
2019	44 247

---

① 这仅为在一定的假设条件下的预测和估算数值，仅为观察和对比使用。

通过计算可得到每年的增长情况，见表 6-9。

表 6-9　2001—2014 年我国城镇就业人口增长情况

年份	2009	2010	2011	2012	2013	2014	2015	2016	2017	2018	2019
增长率（%）	1.038	1.041	1.035	1.033	1.031	1.028	1.027	1.025	1.024	1.023	1.020

从上表数据可以看出，我国城镇就业人口每年的增长幅度基本保持在 1% 左右，为了得到 2020 年的预测值，我们可以采用固定增长率预测方法，该方法主要适用于非线性发展趋势经济变量的预测，它一般要求经济变量按照一个固定或比较固定的速度发展变化，或者经济变量的变动与指数函数比较接近，基本计算步骤如下：

设 g_{ij} = 经济变量 x_{ij} 在第 i 期的变化速度

$g_j = x_{0j}$，x_{1j}，…，x_{rj} 的平均变化速度

又 $\hat{x}_{(r+k)}$ 表示经济变量第 j 个点时值在第 $r+k$ 周期的预测值。一般地，如果 g_{ij} 围绕着 g_i 波动，且波动幅度不超过 5%，即可采用固定增长率法预测，但是，波动要求是没有规则的，有规则的波动不符合要求。最终的预测公式为

$$\hat{x}_{(r+k)\,j} = g_j^{r+k} x_{0j}$$

其中，$g_j = \dfrac{g_{1j} + g_{2j} + \ldots + g_{rj}}{r} = \dfrac{\sum\limits_{i=1}^{r} g_{ij}}{r}$

也可以用几何平均法确定：

$$g_i = \sqrt{g_{1j} \cdot g_{2j} \cdot \ldots \cdot g_{rj}} = \sqrt{\frac{x_{1j}}{x_{0j}} \cdot \frac{x_{2j}}{x_{1j}} \cdot \ldots \cdot \frac{x_{rj}}{x_{(r-1)j}}} = \left(\prod_{i=1}^{r} g_{ij}\right)^{\frac{1}{r}} = \left(\frac{x_{rj}}{x_{0j}}\right)^{\frac{1}{r}}$$

我们通过上述方法得到 2020 年，我国城镇就业人口的平均增长率为 2.10%，则 2020 年城镇就业人口数量约 45181 万人。根据本章上一小节的预测结果，2020 年我国个人所得税收入估计为 11 千亿左右。如果个人所得税费用扣除标准下调，2020 年我国个人所得税收入将增加约 0.84 亿元，增幅为 2.6%。

6.4 个人所得税税率发生变动对
个人所得税收入总量的影响预测

在第 5 章的分析中，我们从税级、税距等方面展开研究，通过国际横向比较和历史纵向比较，得出了我国税率结构调整的改革方案。在本部分，我们假设按照该方案操作，在其他条件均保持不变时，个人所得税收入会产生怎样的变化？会对宏观经济造成何种影响？同样借助收入分布密度曲线计算由于个人所得税税率结构调整而导致的税收收入减少额度。具体计算如下：设 $g_2(x)$ 为 2020 年税率调整时个人所得税的收入总额，用分段函数表示为：

$$g_2(x) = \begin{cases} (x - 4\,800) \times 3\% \\ (x - 25\,360) \times 10\% \\ (x - 52\,080) \times 20\% \\ (x - 127\,024) \times 25\% \\ (x - 151\,653) \times 30\% \end{cases}$$

则当税率和税率级距发生变动时，个人的纳税额期望值为

$$E_2 = \int_{3\,500}^{4\,800} (x - 4\,800) \times 3\% \times f(x)\mathrm{d}x + \cdots + \int_{100\,000}^{\infty} (x - 151\,653) \times 30\% \times f(x)\mathrm{d}x$$

计算可得 $E_2 = 157.12$。此时，个人所得税收入总额为 7 698 亿元，降幅为 3.8%。

6.5 个人所得税总量变动对经济安全的影响

个人所得税总量发生变动必然会导致其在财政收入中的比重发生变化，进而对宏观经济产生多方面的影响。本节，我们重点分析个人所得税总量变动对经济安全的影响。分析该问题时，我们依据前文三种分析个人所得税总量变动的趋势，分别讨论个人所得税费用扣除标准和税率结构发生变化对经济安全的影响，从而比较个人所得税费用扣除标准变动和税率结构变动对国家经济安全的影响。

首先，当个人所得税费用扣除标准和税率结构均保持现状时。

我们采用平滑平均法预测 2020 年个人所得税占财政收入的比值。平滑

平均法是对定点平均法和移动平均法进行了细致地改良后得到的一种预测方法，该方法既克服了定点平均法需要存储大量数据的缺点，又克服了移动平均法弃除远期数据信息的损失。它将远期信息进行浓缩，并隐含在预测之中。我们以一步预测为例简单介绍。

定点平均预测公式如下：

$$\hat{x}_{t+1} = \sum_{i=0}^{t} w_i x_i = w_0 x_0 + \sum_{i=0}^{t} w_i x_i, \text{ 其中 } t \geqslant 1$$

因 x_i 对预测值的影响随时间由远及近而逐步增加，所以可以假设 w_i 按指数形式递减，即

$$w_0 = \beta^t, \quad w_1 = \alpha\beta^{t-1}, \quad w_2 = \alpha\beta^{t-2}, \quad \cdots, \quad w_t = \alpha\beta^0, \text{ 且 } \alpha + \beta = 1$$

$$w_0 + w_1 + w_2 + \ldots + w_t = 1$$

将权数带入定点预测公式得

$$\hat{x}_{t+1} = \beta^t x_0 + \alpha\beta^{t-1} x_1 + \alpha\beta^{t-2} x_2 + \ldots + \alpha\beta^0 x_1 \tag{7-1}$$

对于 t 期：

$$\hat{x}_t = \beta^{t-1} x_0 + \alpha\beta^{t-2} x_1 + \ldots + \alpha\beta^0 x_{t-1} \tag{7-2}$$

将式（7-2）两边同乘以 β 得

$$\beta\hat{x}_t = \beta^t x_0 + \alpha\beta^{t-1} x_1 + \cdots + \alpha\beta^1 x_{t-1} \tag{7-3}$$

将式（7-3）与式（7-1）相减可得

$$\hat{x}_{t-1} - \beta\hat{x}_t = \alpha x_t$$

整理得

$$\hat{x}_{t-1} = \beta\hat{x}_t + \alpha x_t = (1-\alpha)\hat{x}_t + \alpha x_t \tag{7-4}$$

式（7-4）即为指数平滑的一步预测公式。式中的 $\hat{x}_t$ 隐含了全部历史信息。一般，当 $t=1$ 时，$\hat{x}_1 = x_0$，因为此时仅有一个值 x_0，一旦确定了 $\hat{x}_1 = x_0$，就可以依次推导出 $\hat{x}_2$, $\hat{x}_3$, $\cdots$, $\hat{x}_{t+1}$。其中，α 为平滑指数常数，我们假定 $\alpha = 0.6$，同时，设 $x_0 = 6.33\%$。表 6-10 为预测结果，即 2020 年，个人所得税收入占财政收入的比例为 5.21%。

表 6-10　指数平滑法预测 2020 年个人所得税收入占财政收入比例（%）

年份	t	x_t	$k=1$	
			$\hat{x}_{(t-1)+1}$	$\hat{x}_{t+1}$
2006	0	6.33		
2007	1	6.21		6.26
2008	2	6.07		6.15
2009	3	5.76		5.92
2010	4	5.82		5.86
2011	5	5.83		5.84
2012	6	4.96	6.33	5.31
2013	7	5.06		5.16
2014	8	5.25		5.21
2015	9	6.90		6.22
2016	10	7.74		7.13
2017	11	8.29		7.83
2018	12	8.87		8.45
2019	13	6.57		
2020	14	—	—	7.32

对比可知，如果按照现行个人所得税制度结构，个人所得税占财政收入的比例依旧较少，使经济安全得分依旧较低。

其次，个人所得税费用扣除标准发生变动对经济安全的影响。我们以 2015 年的数据为分析基础，2015 年我国个人所得税收入总量约为 0.84 万亿，当个人所得税费用扣除标准由原来的每月 3 500 元降至每月 1 600 元时，个人所得税收入总量将增加 10.9 亿元。国家统计局网站资料显示，2015 年我国财政收入约为 13 万亿元，此时，个人所得税占财政收入的比例约为 44%。与前一种情况相比，个人所得税占财政收入的比例增加 8 倍左右，此时，安全得分为 77 分，处于安全区域。

最后，当个人所得税税率结构发生变化，其他条件均保持不变时，个人所得税总量增加 2.3 亿元，此时，其占财政收入的比例为 18%，安全得分为 74 分，同样处于安全区域。

综上所述，个人所得税费用扣除标准和税率发生变动对个人所得税总量影响较大，此时，对经济安全的影响也发生波动，且波动较大。

第7章　个人所得税与增值税关系的宏观经济分析

在整个宏观经济运行中，财政收入起到了至关重要的作用，而作为间接税的一种，增值税在财政收入中占据了一定的比例。近几年来，我国着手进行了营业税改增值税的税收制度改革，并且在个别地区和个别行业开始试点，并逐步推行至全国各地和各个行业。仅从各个税种在税收体系中的占比来看，假设其他税收不变，随着营业税比例的减少，增值税比例会不断增加，会逐步成为间接税中占据绝对优势的税种。研究如何增加个人所得税在税收体系中的占比，用增值税来做参照物就显得意义重大了，运用宏观经济的眼光观察个人所得税和增值税在财政收入中的变动关系，可以给我国个人所得税改革提供新的思路和想法。

7.1　增值税的简单阐述

7.1.1　增值税的界定

按照一般对税种的划分，增值税是一种典型的流转税，增值税的应纳税额主要体现在商品的流通、生产过程等多个环节。如果商品在流通或者生产等过程中产生了价值的增加，则需要就其增加部分缴纳税款，如此便形成了增值税。

按照经济学的基本理论，一种商品或劳务的价值由三部分组成，即C+V+M。如果剔除成本因素，剩余部分即为商品或劳务的价值，并且产生于流通领域，而V为劳动力必要支出的价值体现，M体现了剩余价值。

一个完整的生产过程需要经历投资、购买原材料、投入原材料、加工原材料等几个过程。完成生产过程以后，商品或劳务进入流通过程，等到商品或劳务售出时，整个循环过程才算完成。销售商品或劳务取得相应的销售金额，这个金额减去外购劳动资料等一系列成本，剩余部分即为增值额。这部分增值额一般由两个部分组成——工资和利润（暂时不考虑其他因素），也就是说增值税的征税对象不是商品或劳务最终的售价，而是产出扣减成本后的增加额。

各国对外购投入成本的扣减规定存在差异，所以就形成了以下三种类型的增值税：生产性增值税、收入型增值税和消费性增值税。

7.1.2 增值税的发展历史

增值税从其诞生到在全世界为大多数国家采用仅经历了半个世纪的时间。同个人所得税一样，增值税也是为战争服务的。第一次世界大战结束后，美国耶鲁大学的托马斯教授以及德国人西蒙斯博士就提出了关于征收增值税的设想，这可以认为是增值税的最初构想。但是，鉴于当时的历史原因，并未真正形成完整的体系。1954 年，法国率先开始用增值税取代原来的营业税，开始把增值税作为一个税种，在税收体系中确定下来。当时的营业税存在重复征收等多重弊端，为了减少营业税给经济发展带来的阻碍，法国开始着手进行营业税改革，对工业环节的营业税，由原来的所有生产环节均需课税，改为仅对最后环节征税。但是，这种表面层次的改革并没有缓解营业税对经济发展产生的负面影响，反而出现了更多新的矛盾。经过不断研究，他们最终意识到，对每个环节征税并不是问题的关键所在，每个环节全额征税才是问题的主要原因。于是，法国政府规定在对企业征收税款前，生产企业在核算税基时可以扣除购入物品的成本，这种方式的改革不仅消除了营业税的弊端，而且保留了营业税的一些优点。这种模式可以被看作增值税的最初形态。随后，法国政府进一步完善了增值税法律，扩大了扣除范围，允许扣除在生产过程中投入的全部物品，同时开始采用进项税款抵扣。1963 年，增值税从工业生产环节逐步扩展到商品销售环节，到 20 世纪 60 年代，所有商品和劳务的销售均需缴纳增值税。至此，增值税作为一个独立的税种存在于税收体系之中，开始在全世界范围内普遍被采用并成为一些国家和地区财政收入的主要来源。

1980 年，我国开始在柳州、长沙、襄樊和上海等地试点征收增值税，并且不是所有行业均试点征收，仅选择了机器机械和农用机具两个行业进行试点。到 1982 年，我国开始在全国范围内征收增值税，行业由原来的两个变为 5 个，增加了自行车、缝纫机和电风扇 3 个产品。地区和行业试点完成后，国务院于 1984 年颁布了《中华人民共和国增值税条例（草案）》，至此，增值税以间接税的形式开始在全国范围内征收。随着税收改革的进一步深入，政府有关部门不断扩大其征税范围，大部分工业产品都成为增值税课税对象，增值税逐步向规范化方向迈进。社会主义市场经济体制框架建立以后，原有的增值税制度与我国经济发展步伐产生了较大矛盾，为了使税收制度不成为经济发展的阻碍，新一轮的税收制度改革开始进行。1993 年，国务院颁布并实施了《中华人民共和国增值税暂行条例》（以下简称《条例》），该《条例》对增值税的各个项目进行了规范和完善，奠定了增值税在税收体系中的地位。图 7-1 为 1985—2013 年，我国增值税收入占税收收入的比重。从图中可以看出，全国范围内刚开始征收增值税时，由于税收制度不完善和不健全，增值税收入在税收收入中仅占 7% 左右，比例较小。1993 年进行税收制度改革以后，增值税收入在 1994 年达到历史最高点，占税收收入的比例从 1993 年的 25.4% 迅速增长到 45%，增幅高达 77%。随后，随着税收制度改革的深入发展和不断完善，增值税占税收收入的比重开始缓慢下降并逐渐趋于平缓。但是近几年，国家开始在个别行业试点营业税改增值税的新税收制度改革，增值税在整个税收体系中的作用会随着改革的深入发生变化。

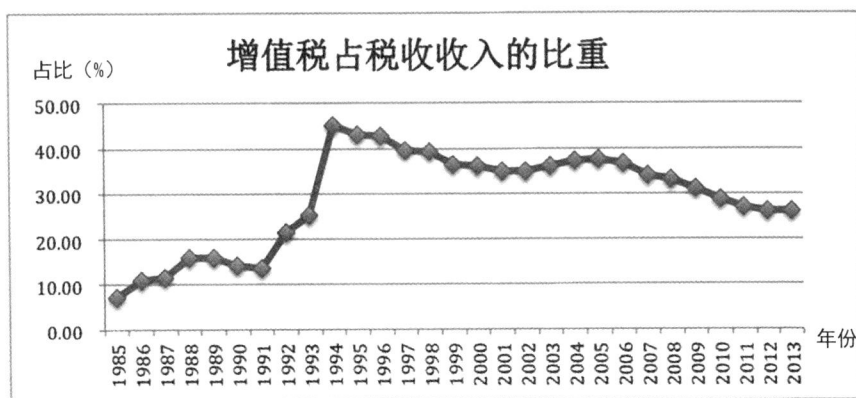

图 7-1　1985—2013 年增值税收入占税收收入的比重[①]

---

① 资料来源：根据国家统计局网站数据整理而得。

7.2 个人所得税与增值税在税收收入中占比关系的分析

本部分主要通过分析个人所得税收入和增值税收入变动对税收总收入变动的影响，建立相应的数学模型，并依据模型分析个人所得税占税收收入的比例和增值税占税收收入的比例变动对税收总收入的影响，试图寻找二者的最优关系。本章节数据主要采用 1999—2019 年国家统计局给出的相关数据，具体见表 7-1。

表 7-1　1999—2019 年增值税和个人所得税占税收收入之比（单位：亿元）

年份	增值税	个人所得税	税收总收入（ T ）	增值税占税收收入的比例（ a ）（%）	个人所得税占税收收入的比例（ b ）（%）
1999	3 882	414	10 683	36.34	3.87
2000	4 553	660	12 582	36.19	5.24
2001	5 357	995	15 301	35.01	6.50
2002	6 178	1 212	17 636	35.03	6.87
2003	7 237	1 418	20 017	36.15	7.08
2004	9 018	1 737	24 166	37.32	7.19
2005	10 792	2 095	28 779	37.50	7.28
2006	12 785	2 454	34 804	36.73	7.05
2007	15 470	3 186	45 622	33.91	6.98
2008	17 997	3 722	54 224	33.19	6.86
2009	18 481	3 949	59 622	31.00	6.62
2010	21 093	4 837	73 211	28.81	6.61
2011	24 267	6 054	89 738	27.04	6.75
2012	26 416	5 820	100 614	26.25	5.78
2013	28 803	6 531	110 497	26.07	5.91
2014	30 855	7 377	119 175	25.89	6.19
2015	31 109	8 617	124 922	24.90	6.70
2016	40 712	10 089	130 361	31.23	7.74
2017	56 378	11 966	144 370	39.05	8.29
2018	61 531	13 872	156 403	39.34	8.87
2019	62 347	10 389	158 000	39.46	65.75

　　根据上述表格中的数据，计算个人所得税、增值税和税收收入每年的同比增长率，得到表 7-2 中的数据。

表 7-2　1999—2013 年个人所得税、增值税和税收收入变化情况表（%）

年份	税收总收入同比增长率	个人所得税同比增长率	增值税同比增长率
2000	17.78	59.42	17.28
2001	21.61	50.75	17.66
2002	15.26	21.76	15.33
2003	13.50	17.02	17.13
2004	20.72	22.50	24.62
2005	19.09	20.60	19.67
2006	20.94	17.13	18.46
2007	31.08	29.83	21.00
2008	18.85	16.85	16.33
2009	9.95	6.10	2.69
2010	22.79	22.48	14.13
2011	22.58	25.16	15.04
2012	12.12	-3.86①	8.86
2013	9.82	12.21	9.04
2014	7.82	12.93	7.1
2015	4.82	16.82	0.08
2016	4.35	17.08	30.88
2017	10.75	18.61	38.48
2018	8.33	15.92	9.14
2019	1.02	-25.11	1.33

---

① 出现负值的原因是当年个人所得税制度进行了较大程度的调整，将免征额标准从原来的每月 2 000 元，调整至每月 3 500 元，对当年个人所得税总额影响较大。

根据表7-1、表7-2中的数据计算每年税收收入增长中，个人所得税和增值税分别占据多少份额。例如，2013年与2012年相比，税收总收入增加了9.82%，在这增加的9.82%税收收入中，个人所得税增加所占比例为

$$9.82\% \times 5.91\% \times 100\% = 0.58\%$$

增值税增加所占比例为：

$$9.82\% \times 26.07\% \times 100\% = 2.56\%$$

也就是说个人所得税变动1%，税收总收入变动0.0058%；增值税变动1%，税收总收入变动0.0256%。按照上述计算方法，得到2000—2013年个人所得税收入变动和增值税收入变动对税收收入总额变动的影响，见表7-3。

表7-3　2000—2013年个人所得税和增值税变动对税收总收入的影响（单位：%）

年份	个人所得税变动对税收收入的影响	增值税变动对税收收入的影响
2000	0.01	0.06
2001	0.01	0.08
2002	0.01	0.05
2003	0.01	0.05
2004	0.01	0.08
2005	0.01	0.08
2006	0.01	0.08
2007	0.02	0.1
2008	0.01	0.1
2009	0.01	0.03
2010	0.02	0.1
2011	0.02	0.1
2012	0.01	0.03
2013	0.01	0.03

以上分析了个人所得税和增值税变动对税收总收入的影响，通过上述分析，虽然可以很清楚地看到个人所得税和增值税变动对税收收入变动的影响，但是无法得知个人所得税和增值税在整个税收体系中的最优占比。为了解决这一问题，我们通过建立相应的数学模型进行分析。在建立模型时我们采用曲线拟合的方式。假设增值税与个人所得税占总税收收入之比为 t，税收收入为 T，则反映二者之间关系的方程为 $T = f(t)$。根据表7-1得到表7-4。

表7-4　模型数据

年份	税收总收入（T）（亿元）	a/b（t）
1999	10 682.58	9.4
2000	12 581.51	6.9
2001	15 301.38	5.4
2002	17 636.45	5.1
2003	20 017.31	5.1
2004	24 165.68	5.2
2005	28 778.54	5.2
2006	34 804.35	5.2
2007	45 621.97	4.9
2008	54 223.79	4.8
2009	59 621.59	4.7
2010	73 210.79	4.4
2011	89 738.39	4
2012	100 614.26	4.5
2013	110 497	4.4

我们使用STATA12画出直方图，并于正态密度比较，如图7-2所示。

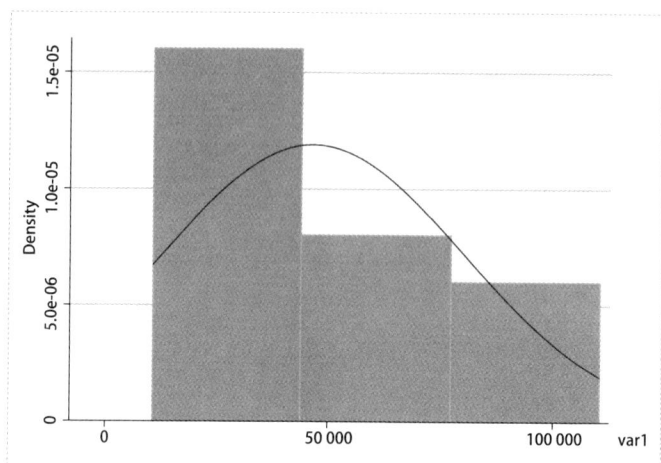

图7-2　方程变量直方图与正态密度比较图

变量的核密度图并与正态密度比较，如图7-3所示。

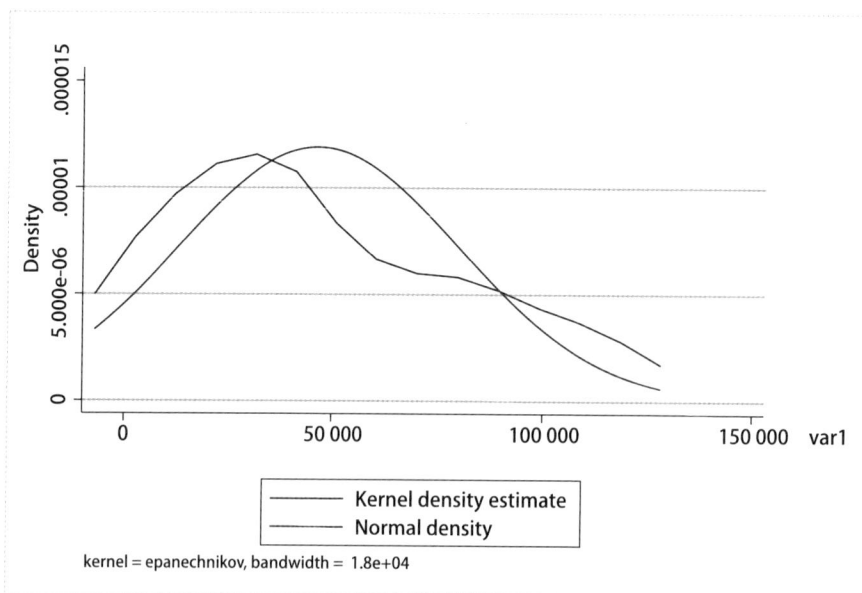

图7-3　核密度与正态密度

我们考虑对变量去自然对数，如图7-4所示。

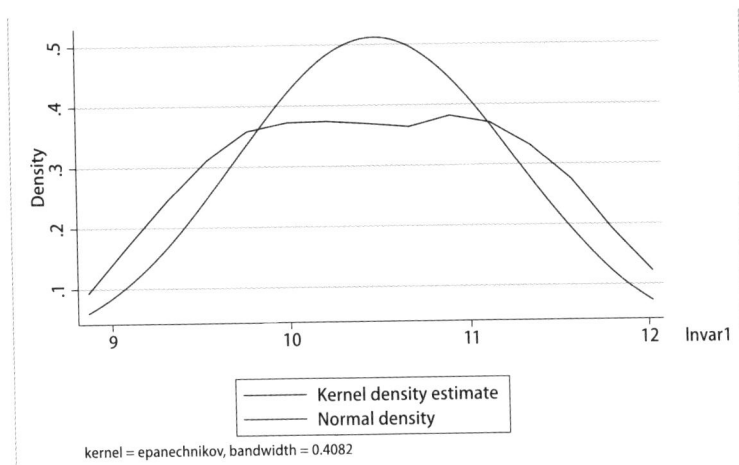

图 7-4　自然对数拟合图

通过曲线拟合可知，如果对原方程取自然对数，整个方程比较接近正态分布函数。于是，我们将 $T = f(t)$ 两边取自然对数得

$$\ln T = \ln f(t)$$

整理得

$$T = \frac{1}{\sqrt{2\pi}\sigma} e^{-\frac{(t-\mu)^2}{2\delta^2}}$$

该模型即为通过曲线拟合推导出的增值税与个人所得税占税收总收入比例之比与税收总收入的关系模型。根据我们了解的正态分布函数的性质我们可以知道，当 $t = \mu$ 时，函数取得最大值。也就是说当增值税与个人所得税占税收总收入比例之比小于 μ 时，假设不考虑其他税收变化对税收总收入的影响，个人所得税占税收总收入不变，增加增值税有利于提高税收总收入；当增值税占税收总收入保持不变时，减少个人所得税有利于提高税收总收入。相反，当二者比值大于 μ，个人所得税占税收总收入保持不变时，增加增值税将会使税收总收入减少；当增值税占税收总收入保持不变时，减少个人所得数将会使税收总收入减少。鉴于此，可根据二者之间的平衡关系，调整它们在税收收入中的占比，以实现税收收入最大化。

以上分析的是个人所得税和增值税总量变动对税收的影响，该种分析方式同样适合分析其他税种变化对税收收入的影响。据此，我们可以根据经济发展情况的要求和国家政策的走向合理调整各个税种在税收收入中的比重，以期实现税收收入最大化。

下面我们将从增值税税率的角度入手，分析当增值税税率变动时，个人所得税将会发生何种变化。各国税收制度存在较大差异，所以在分析增值税税率时，我们仅分析增值税标准税率，其他税率暂且不予考虑。根据相关税收法律规定，我国增值税标准税率为17%，世界上其他国家的增值税标准税率见表7-5。从表中我们可以看出，各国增值税税率的设定存在较大差异，分布区间为3.5%～25.5%[①]，其中，以10%、12%、15%、16%、18%较为集中。图7-5更为直观地比较了各国增值税税率设置情况。通过该图我们可以看出，我国17%的增值税税率处于中间位置，具备降低或者提高的双向选择。

表7-5　世界各国和地区增值税标准税率 [②]

标准税率	国家和地区
3.5%	马尔代夫
4%	伊朗
5%	加拿大、泽西岛、日本、尼日利亚、中国台湾、巴拉圭、越南、也门
7%	吉布提、巴拿马、新加坡、泰国
8.3%	列支敦士登、瑞士
8.5%	马提尼克岛
10%	韩国、老挝、黎巴嫩、蒙古、巴布亚新几内亚、澳大利亚、柬埔寨、科摩罗、埃及、海地、印度尼西亚、苏里南、越南
12%	博兹瓦纳、厄瓜多尔、危地马拉、哈萨克斯坦、吉尔吉斯斯坦、菲律宾、斯里兰卡、洪都拉斯、委内瑞拉
12.5%	伯利兹、库克群岛、加纳、印度、瓦努阿图
13%	哥斯达黎加、萨尔瓦多、尼泊尔
14%	莱索托、南非
14.5%	巴基斯坦
14.94%	玻利维亚
15%	安提瓜和巴布达、孟加拉、佛得角、塞浦路斯、多米尼亚、斐济、赤道几内亚、卢森堡、毛里求斯、纳米比亚、新西兰、尼加拉瓜、圣文森特和格林纳丁斯、萨摩亚、塞拉利昂、苏丹、汤加、特立尼达和多巴哥、津巴布韦

① 从2012年1月1日起，按照匈牙利政府部门的规定，增值税税率由原来的25%提高到27%，匈牙利成为世界上增值税税率最高的国家。

② 资料来源：中国税务报。

标准税率	国家和地区
16%	哥伦比亚、多米尼亚、法属波利尼西亚、圭亚那、约旦、肯尼亚、科索沃、马德拉岛、墨西哥、巴基斯坦、赞比亚
16.5%	马拉维
17%	阿尔及利亚、巴巴多斯、波黑、巴西、中国、黑山、莫桑比克、圣基茨和尼维斯
17.5%	牙买加
18%	阿塞拜疆、贝宁、布基纳法索、布隆迪、乍得、科特迪瓦、加蓬、格鲁吉亚、几内亚、马其顿、马里、马其他、毛里塔尼亚、秘鲁、俄罗斯、卢旺达、塞内加尔、塞尔维亚、西班牙、塔吉克斯坦、坦桑尼亚、多哥、突尼斯、土耳其、乌干达
18.9%	刚果（布）
19%	中非、智利、德国、荷兰、尼日尔
19.25%	喀麦隆
19.6%	法国、摩洛哥
20%	阿尔巴尼亚、亚美尼亚、奥地利、白俄罗斯、保加

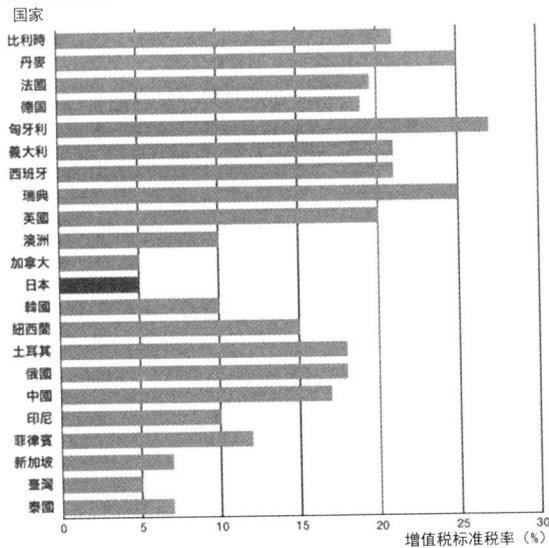

7-5　不同国家和地区增值税标准税率[①]

相关统计资料显示，2011 年，全球 166 个国家和地区增值税标准税率的平均值为 15.72%；OECD33 个成员国（美国不征收增值税）的增值税标

———————

① 资料来源：http://www.nippon.com/hk/features/h00039/。

准税率的平均值为18.58%；欧盟27个成员国增值税标准税率的平均值为20.7%；5个金砖国家增值税标准税率的平均值为15.7%。近几年来，随着各国税收制度改革步伐的不断加快，各国增值税标准税率呈现出两种发展趋势：其一为逐步调增的趋势，见表7-6；其二为逐步调减趋势，见表7-7。

表7-6　2009—2011年增值税标准税率调增国家和地区（单位：%）

2009年			2010年			2011年		
国家	原税率	调整后	国家	原税率	调整后	国家	原税率	调整后
立陶宛	19	21	白俄罗斯	18	20	泽西岛	3	5
拉脱维亚	18	21	毛里塔尼亚	14	18	斐济	12.5	15
匈牙利	20	25	冰岛	24.5	25.5	几内亚比绍	10	15
爱沙尼亚	18	20	科索沃	15	10	意大利	20	21
克罗地亚	22	23	牙买加	16	17.5	拉脱维亚	21	22
以色列	15.5	16.5	希腊	19	23	希腊	11	13
—	—	—	西班牙	16	18	葡萄牙	21	23
—	—	—	博茨瓦纳	10	12	斯洛伐克	19	20
—	—	—	巴拿马	5	7	保加利亚	7	9
—	—	—	捷克	19	20	马德拉岛	15	16
—	—	—	新西兰	12	15	英国	17.5	20
—	—	—	墨西哥	15	16	列支敦士登	7.6	8
—	—	—	伯利兹	10	12	波兰	22	23
—	—	—	芬兰	22	23	—	—	—

表 7-7　2009—2011 年增值税标准税率调减国家和地区（单位：%）

2009 年			2010 年			2011 年		
国家	原税率	调整后	国家	原税率	调整后	国家	原税率	调整后
吉尔吉斯	20	12	以色列	16.5	16	巴基斯坦	17	16
斯里兰卡	15	12	—	—	—	秘鲁	17	16
哈萨克斯坦	13	12	—	—	—			
坦桑尼亚	20	18	—	—	—			

从表 7-6 与表 7-7 的对比可以看出，相较于调低增值税标准税率的国家数量而言，增值税标准税率调高趋势更强。

根据我国财政部、国家税务总局发布的联合公告，自 2014 年 7 月 1 日起，调低增值税两档税率，从原来的 6% 和 4% 统一调减为 3%。从上述政策可以看出，我国增值税税率的改革可能会采取降低标准税率的形式。虽然这次税率调整没有涉及增值税标准税率，但通过这次调整，我们可以预测，今后国家增值税税率改革会逐步涉及标准税率。

标准税率适用于一般纳税人，相关网站粗略统计，在全国增值税纳税人中，小规模纳税人占比高达 80% 左右，但是所缴税款仅占全部税款的 6% 左右[1]，也就是说一般纳税人缴纳的税款占全部税款的比例为 94% 左右，即标准税率的变动会对增值税产生较大影响。按照上述粗略数值的估计，增值税标准税率每下调 1 个百分点，则增值税标准税率减少 6%，会使增值税总收入减少 5.64%。在保证税收总量不变的前提下，假设减少的份额转嫁到直接税上。增值税标准税率的减少，从宏观经济角度分析，会增加企业的收入，企业收入增加，缴纳的税款同时也会增加。但企业收益增加时，工人的收入跟着增加，此时个人所得税随之增加，其在税收收入中的份额增加，最后使得其对经济安全的影响也加大了。

---

[1]　关于数据问题曾经致电国家税务总局，但是得到的答案是税务总局没有这样的数据，所以这里的数据只能根据网上的一些信息进行粗略估计，无法实现精确统计。

第8章 结论与建议

本书以宏观经济研究为视角，结合历史资料，纵向比较与横向比较相结合，立足于我国宏观经济发展情况，针对我国税制结构问题、个人所得税费用扣除标准问题、个人所得税税率结构问题展开讨论，提出旨在解决切实问题的意见和建议。

首先，关于税制结构。根据书中与世界发达国家税制结构比较的结果可以看出，目前我国的税制结构中，间接税的比重较大，直接税的比重较小。尽管随着宏观经济的发展，二者之间的比例存在一定程度的变化，但相较于世界发达国家，直接税的比重依然较少。国际经验告诉我们，直接税在市场经济中更能发挥增加财政收入和调节收入差距的职能，更能促进国家宏观经济的健康运行，因此，我们建议增加直接税比重，减少间接税比重，特别要减少增值税的比重，增加个人所得税的比重。增值税在征收过程中存在重复征税的问题，不仅职能部门的工作量大，而且，最终的税收负担全部由消费者承担，无形中加重了居民的税收负担，较少了居民可支配收入。直接税仅就纳税人的收入缴税，不仅减少了征收环节，而且根据纳税人的税负能力征缴，符合税收的理论原则。

其次，关于个人所得税费用扣除标准的问题。如果不考虑目前费用扣除标准是否合理的问题，仅从调整频率上比较，就不难发现其存在的问题。无论是发达国家，还是发展中国家，个人所得税的费用扣除标准均会随着宏观经济的发展做出调整，美国、英国等老牌资本主义国家每年均调整其具体标准。我国个人所得税费用扣除标准从1980年到现在，对于费用扣除标准的调整仅有4次，这样的调整频率完全与我国宏观经济发展情况相脱节，所以，应当设定统一的标准，每年调整。

　　理论上，个人所得税费用扣除标准的制定应当根据一定的标准，并且这个标准应当经得起实践的检验。我国目前 5 000 元的扣除标准既缺乏理论依据，也不具备实践意义，所以应当调整。书中主要借鉴美国的经验，从历年美国贫困线与个人所得税费用扣除标准的对比情况，寻找二者之间的联系，确定二者之间的比例关系为 1.15 ∶ 1，使用同样的方法，得出英国二者之比为 1.12 ∶ 1，取二者的中间值，我国贫困线与个人所得税的比例为 1.14 ∶ 1。贫困线的计算采用目前国际上比较通用的计算方法 ELES，该方法主要依据不同的消费者在各类消费品上的消费为分析基础，借助数学工具，推导出符合宏观经济发展要求的计算公式，具有较强的现实意义。结合预测方法，估算出我国"十四五"期间，个人所得税费用扣除标准的数值。

　　最后，个人所得税税率问题。研究个人所得税税率问题，主要从以下三个方面入手：税级、税率级距和边际税率。经过国内学者多方考证，目前我国的个人所得税税率设置在上述三个方面存在较多问题：第一，税级较多。通过对比世界其他国家的个人所得税税率制度改革，可以发现，目前的改革方向为减少税率级次。根据我国目前的收入分布情况，6 级和 7 级的税率所适用的纳税人极少，所以建议减 7 级税率为 5 级税率，今后随着经济体制和政治体制的完善，税级可以进一步精简到 4 级。第二，级距制定缺乏宏观经济考虑。对比美国的个人所得税的级距，可以发现，美国的个人所得税级距与人均月收入水平密切相关，每一级收入限制均为月收入的一定倍数，具有很好的借鉴价值。因为月收入最能反映纳税人的纳税能力，反映宏观经济变动对居民收入的影响，书中据此设计出了根据月收入一定倍数计算的级距标准，并在此基础上对"十四五"期间的税率级距进行了预测。第三，边际税率。同世界其他国家相比，我国目前的最高边际税率过高，超过了较多的发达国家，如美国、德国等。文中依据最优税率模型得出的最高边际税率为 30%，这个结果很好地印证了第一点关于税级改革建议的合理性。

　　宏观经济层面个人所得税制度的改革涉及很多层面，一套完善的税收制度不仅需要从上面所说的几项进行调整，而且要求配套的政治体制改革和经济体制改革与之相互配合。宏观经济发展与税收制度改革、政治体制改革、经济体制改革互为因果，只有彼此之间相互融合，才能提升我国的国际竞争力。

参考文献

[1] BERT M. The Arctic Is Now: Economic and National Security in the Last Frontier[J]. American Foreign Policy Interests the Journal of the National Committee on American Foreign Policy, 2012, 34(1):5–19.

[2] TRAVALINI J R. Between national economy benefits and national security interests[J]. Northwestern Journal of International Law & Business, 2009,29(3):779–799.

[3] SCHALTEGGER C A , SOMOGYI F , STURM J E . Tax competition and income sorting: Evidence from the Zurich metropolitan area[J]. European Journal of Political Economy ,2011,12(1):34–35.

[4] COHEN B J . Sovereign Wealth Funds and National Security: The Great Tradeoff[J]. International Affairs, 2009, 85(4):713–731.

[5] CREEDY J.Choosing The Tax Rate in a Linear Income Tax Structure: An introduction [J]. The University of Melbourne Department of Economics–Working Papers Series,2008,11(3):257–276.

[6] DIAMOND P A . Optimal Income Taxation: An Example with a U–Shaped Pattern of Optimal Marginal Tax Rates[J]. American Economic Review, 1998(88):681–686.

[7] DIXIT Λ, SANDMO A.Some simplified formulate for optimal incomes taxation[J]. Scandinavian Journal of Economic,1977,79(4):417–423.

[8] DOYLE R B . The U.S. National Security Strategy: Policy, Process, Problems[J]. Public Administration Review, 2007, 67(4):624–629.

[9] DUPONT A, RECKMEYER W J . Australia's national security priorities: addressing strategic risk in a globalised world[J]. Australian Journal of International Affairs, 2012, 66(1):34–51.

[10] FIELDING J. The primacy of national security? American responses to the British financial crisis of 1949[J]. Diplomacy & Statecraft, 2000, 11(1):163–188.

[11] FITZ–GERALD A M. A UK national security strategy: institutional and cultural challenges[J]. Defense Studies,2008,8(1):4–25.

[12] ZHAO, HONGXIN, ZHU, et al. Location Factors and Country–of–Origin Differences:

An Empirical Analysis of FDI in China[J]. Multinational Business Review (St. Louis University), 2000, 8(1):60.

[13] VERBIST G , FIGARI F . The Redistributive Effect and Progressivity of Taxes Revisited: An International Comparison across the European Union[J]. Finanzarchiv Public Finance Analysis, 2013, 70(3):405–429.

[14] GHOSH A R , GUL DE A M , WOLF H C . Exchange Rate Regime: Choices and Consequences[M]. Cambridge,Masachusets:MIT Press,2002.

[15] HUANG H Z, MALHOTRA P. Exchange Rate Regime and Economic Growth:Evidence form Developing Asianand Advanced European Economies[J]. China Economic Quarterly,2005,4(4):971–990.

[16] Harvey S. Public Finance(7th edition)[M].New York: McGraw–Hill, 2005.

[17] Heller P S. An Econometric Analysis of the Fiscal Behavior of the Public Sector in Developing Countries: Aid, Investment and Taxation[J]. American Economic Review,1975(3):429–445.

[18] HELPMAN E, SADKA E.The optimal income tax: Some comparative statics results – ScienceDirect[J]. Journal of Public Economics, 1978, 9(3):383–393.

[19] HEMPHILL, THOMAS A . Balancing International Trade Policy with National Security: The Dilemma of China and Foreign Direct Investment in the United States[J]. Competition & Change, 2007, 11(1):59–77.

[20] HEMPHILL T A . Sovereign wealth funds: National security risks in a global free trade environment[J]. Thunderbird International Business Review, 2010, 51(6):551–566.

[21] ITSUMI Y.Distributional effects of linear income tax schedules[J]. Review of Economic Studies,1974,41(3):371–381.

[22] KAKINAKA, MAKOTO, PEREIRA, et al. A New Measurement of Tax Progressivity[J]. Economics & management series, 2006(6):1–11.

[23] KINAM K, PETER L. "Redistributive Effect of U.S. Taxes and Public Transfers, 1994–2004" [J]. Public Finance Review, 2009,37(1): 3–26.

[24] KIRSHNER J . Sovereign Wealth Funds and National Security: The Dog that Will Refuse to Bark[J]. Geopolitics, 2009, 14(2):305–316.

[25] VOLMAN K D . The African \"Oil Rush\" and US National Security[J]. Third World

Quarterly, 2006, 27(4):609–628.

[26] KOPCZUK W. Tax Bases, Tax Rates and the Elasticity of Reported Income[J]. journal of public economics ,2007,89(11–12): 2093–2119.

[27] KUNIEDA S. New Optimal Income Tax Theory and Japan's Income Tax System[J]. Japanese Economy,2012,39(4):60–78.

[28] SIMULA L , TRANNOY A . Optimal income tax under the threat of migration by top–income earners[J]. Working Paper, 2009, 94(1–2):163–173.

[29] MAMOON D. Economic security, well functioning courts and a good government[J]. International Journal of Social Economics, 2012,39(8): 587–611.

[30] MODARRESS B , ANSARI, AL. The Economic, Technological, and National Security Risks of Offshore Outsourcing[J]. Journal of Global Business Issues, 2007,1(2): 165–175.

[31] NYAMONGO M E , SCHOEMAN N J . Tax reform and the progressivity of personal income tax in South Africa[J]. South African Journal of Economics, 2007, 75(3):478–495.

[32] MORIGUCHI C . Top Wage Incomes in Japan, 1951–2005[J]. Journal of the Japanese & International Economies, 2010, 24(3):301–333.

[33] MOWERY, DAVID C. National security and national innovation systems[J]. The Journal of Technology Transfer , 2009,34(5): 455–473.

[34] NUNNALLY J C. Psychometric Theory 3E[M]. New Delhi: Tata Megraw–Hill Education, 2010.

[35] NYAMONGO M E , SCHOEMAN N J . Tax reform and the progressivity of personal income tax in South Africa[J]. South African Journal of Economics, 2007, 75(3):478–495.

[36] FUTAGAMI O K. A national–security argument for trade protection[J]. Journal of Economics, 1998, 68(1):39–52.

[37] OTAKE F, KOHARA M. The Income Gap. The Japanese Economy and Economic Policy During the Bubble and Deflation Period 6: Labor Income and Income Distribution[M]. Tokyo: Keio University Press, 2009.

[38] APPS P , LONG N V , REES R . Optimal Piecewise Linear Income Taxation[J]. Journal of Public Economic Theory, 2014, 16(4):523–545.

[39] PECORINO P. Tax structure and growth in a model with human capital [J]. Journal of public Economics,1993,52:251—257.

[40] PETERSEN C D . Defense and Commercial Trade Offsets: Impacts on the U.S. Industrial Base Raise Economic and National Security Concerns[J]. Journal of Economic Issues, 2011, 45(2):485–492.

[41] GORDON R H , KOPCZUK W . The choice of the personal income tax base[J]. Wojciech Kopczuk, 2014, 118(oct.):97–110.

[42] MAHDAVI S . The level and composition of tax revenue in developing countries: Evidence from unbalanced panel data[J]. International Review of Economics & Finance, 2008, 17(4):607–617.

[43] SAHA S . CFIUS Now Made in China: Dueling National Security Review Frameworks as a Countermeasure to Economic Espionage in the Age of Globalization[J]. Northwestern Journal of International Law & Business, 2012,33(1): 199–235.

[44] BARBARO S , SUEDEKUM J . Reforming a complicated income tax system: The political economics perspective[J]. European Journal of Political Economy, 2006, 22(1):41–59.

[45] Scully G W. Tax rate, Tax revenue and Economic Growth [J].Police Report,1991(98):78–79.

[46] KUNIEDA S . New Optimal Income Tax Theory and Japan's Income Tax System[J]. Japanese Economy, 2012, 39(4):60–78.

[47] STROUP M D. An index for measuring tax progressivity[J]. Economics Letters, 2005, 86(2):205–213.

[48] TAJIKA E, YASHIO H. Tax Systems and The Selection of a BusinessStructure:The Case of Japan[J].Zaisei Kenkyu,2005(1):177–194.

[49] Aidt T S, Jensen P S. The taxman tools up: An event history study of the introduction of the personal income tax[J]. Journal of Public Economics, 2007, 93(1–2):160–175.

[50] Travalini J R. Foreign Direct Investment in the United States: Achieving a Balance between National Economy Benefits and National Security Interests[J]. Northwestern Journal of International Law & Business, 2009,29(3):779–799.

[51] Tuomala M. On the shape of optimal non–linear income tax schedule[R].Working Paper, 2006, http://tambup.uta.fi/econet/wp49–2006.

[52] COUDERT V, DUBERT M. Does Exchange Rate Regime Explain Diferences in Economic Results for Asian Countries?[J].Journal of Asian Economics,2005(16):874-895.

[53] WADHWANI R D.Protecting small savers: the political economy of economic security[J]. The Journal of Policy History, 2006,18(1): 126-145.

[54] WANE W . The optimal income tax when poverty is a public 'bad'[J]. Journal of Public Economics, 2000, 82(2):271-299.

[55] SOLA J S . The effect of changes in marginal tax rates on taxable income of Spanish income tax[J]. Hacienda Publica Espanola, 2007, 182(3):9-27.

[56] ZARATE J C . Harnessing the Financial Furies: Smart Financial Power and National Security[J]. Washington Quarterly, 2009, 32(4):43-59.

[57] 白文华 . 个人所得税费用扣除标准确定问题研究 [J]. 前沿 , 2011(16):118-121.

[58] 白彦锋 , 王聪 , 徐晓芳 . 我国税制建设 "两个逆转" 问题研究——基于税收结构的效率与公平效应的实证分析 [J]. 税政经济研究 , 2014(4):89-90.

[59] 蔡秀丽 , 陈小青 , 范爱丽 . 个税调整对城镇居民生活质量的影响分析 [J]. 企业导报 ,2012(19):255-256.

[60] 陈辰 . 基于动态扩展线性支出系统法的个税免征额标准研究 [J]. 统计与决策 , 2014(17):149-152.

[61] 陈建东 , 浦明 . 关于我国个人所得税费用扣除的研究 [J]. 税务研究 ,2010(9):276-278.

[62] 陈立中 , 张建华 . 中国城镇主观贫困线测度 [J]. 财经科学 , 2006, 2006(9):76-81.

[63] 陈平路 , 陈波涛 , 徐正云 . 我国个人所得税工薪所得项目的指数化方法研究 [J]. 财会月刊 , 2009, 23(519):42-43.

[64] 陈庆海 . 我国工薪所得个人所得税费用扣除标准的评价及动态测算模型的构建 [J]. 当代经济管理 ,2010,32(12):132-133.

[65] 陈玉琢 , 吴兵 . 论个人所得税税率的累进性 [J]. 现代经济探讨 , 2002(12):46-49.

[66] 陈宗胜 , 沈扬扬 , 周云波 . 中国农村贫困状况的绝对与相对变动——兼论相对贫困线的设定 [J]. 管理世界 , 2013(1):67-77.

[67] 程侃 , 李成 . 同排位同牺牲原则下个人所得税税率设计 [J]. 数量经济技术经济

研究 , 2013, 30(5):140–140.

[68] 池振合 , 杨宜勇 . 贫困线研究综述 [J]. 经济理论与经济管理 , 2012, 7(7):56–56.

[69] 代金涛 , 宋小宁 . 工薪所得税免征额及其指数化调整研究 [J]. 税务与经济 , 2009(5):90–94.

[70] 高建民 , 李逸舒 , 郭成成 , 等 . 应用扩展性线性支出法测量陕西省城乡贫困线 [J]. 中国卫生经济 , 2014(3):64–67.

[71] 高亚军 . 和谐社会视角下我国个人所得税费用扣除标准的社会合意性研究 [J]. 宏观经济研究 , 2013 (10):79–86.

[72] 谷成 , 梁金兰 . 个人所得税的指数化调整研究 [J]. 涉外税务 ,2004(7):17–19.

[73] 郭剑川 , 刘黎明 . 个人所得税免征额调整的财政影响估算 [J]. 统计教育 , 2009(8):18–22.

[74] 郭剑川 .CPI 波动与个人所得税免征额的指数化调整 》[J]. 商业时代 ,2010(21):193–195.

[75] 郝春虹 . 效率与公平兼顾的最优所得税 : 理论框架及最优税率估计 [J]. 当代财经 , 2006(2):51–56.

[76] 何代欣 . 个人所得税改革研究的延展 : 一种综合税率设计 [J]. 上海财经大学学报 , 2011, 13(6):66–71.

[77] 贺蕊莉 . 工薪所得个人所得税费用扣除标准的确定 [J]. 税务研究 ,2013(9):51–54.

[78] 洪勰 , 宋良荣 . 工薪所得个人所得税的费用扣除额测算 [J]. 财会月刊 , 2012, 27(206):68–71.

[79] 侯春生 . 对个人所得税免征额制定的看法 [J]. 冶金财会 , 2013(5):33–35.

[80] 焦建国 , 刘辉 . 个人所得税费用扣除标准的调整测算研究——基于北京市数据的分析 [J]. 经济研究参考 ,2011(32):67–69.

[81] 李芳 . 我国个人所得税改革的基本思路 [J]. 中国集体经济 , 2010(1):97–98.

[82] 李红霞 . 个人所得税调节收入分配差距的理性思考 [J]. 中央财经大学学报 , 2010(11):10–14.

[83] 李静 . 个人所得税对我国经济增长的影响 [J]. 会计之友 , 2012(30):91–94.

[84] 李敏 . 工资薪金个人所得税费用扣除标准问题探析 [J]. 会计之友 , 2014(11):103–106.

[85] 李敏 . 工资薪金个人所得税新变化的效用分析 [J]. 会计之友 , 2012(21):118–

120.

[86] 李国柱,王劲涛,赖志花.对河北省城镇居民贫困线的测算 [J]. 统计与决策,2005(24):91–92.

[87] 李心源.重构间接税直接税比例 促进经济发展方式转变 [J]. 税务研究,2011(8):18–22.

[88] 梁芬.中外个人所得税税率结构比较与借鉴 [J]. 税务研究,2003(3):71–74.

[89] 廖楚晖,魏贵和.个人所得税研究:回顾、趋势与展望 [J]. 税收经济研究,2012(3):50–53.

[90] 林瑾,李龙梅,秦翰翔.个税免征额调整对居民收入分配的影响分析——以青海省为例 [J]. 会计之友,2013(5 上):276–277.

[91] 刘成龙,王周飞.基于收入分配效应视角的税制结构优化研究 [J]. 税务研究,2014(6):15–22.

[92] 刘成龙.我国现行税制收入分配效应的实证分析 [J]. 财经理论研究,2014(2):41–50.

[93] 刘海庆,高凌江.我国税制结构、税负水平与经济增长的关系研究——基于全国 30 个省级单位面板数据的 PVAR 分析 [J]. 财经理论与实践,2011,32(3):68–73.

[94] 刘汉屏.个人所得税免征额提高之悖论 [J]. 山东财政学院学报,2005(6):3–6.

[95] 刘黎明,梁志军.最低生活保障线的收入分布函数测算方法 [J]. 统计与决策,2008(4):31–32.

[96] 刘丽.我国个人所得税累进税率结构设计探讨 [J]. 税务研究,2011(3):44–46.

[97] 刘小腊,郝联峰.个人所得税税率的数学确定 [J]. 厦门大学学报 (哲学社会科学版),1996(1):51–57.

[98] 刘怡,聂海峰.中国工薪所得税有效税率研究 [J]. 中国社会科学,2005(6):58–66.

[99] 刘佐,李本贵.个人所得税税前扣除的国际比较 [J]. 国际税收,2005(8):90–92.

[100] 娄芳.个人所得税免征额之我见 [J]. 产业与科技论坛,2009,8(4):108–109.

[101] 陆娴.个人所得税费用扣除标准地区差异存在的合理性 [J]. 财会研究,2006(11):18–19.

[102] 伦玉君.完善我国税制结构的探讨 [J]. 税务研究,2014(6):29–33.

[103] 骆祚炎.利用线性支出系统 ELES 测定贫困线的实证分析——兼比较几种贫

困标准 [J]. 当代财经 , 2006(3):5–10.

[104] 马福军 . 个人所得税费用扣除应建立全国统一标准下的浮动机制 [J]. 税务研究 , 2010(3):52–53.

[105] 庞博 . 个人所得税改革对社会总福利的影响 [J]. 时代金融 , 2011(23):36–37.

[106] 蒲明 , 陈建东 , 孔祥荣 , 等 . 基于发挥我国个人所得税功能的税制改革思考 [J]. 华东经济管理 , 2011, 25(10):74–77.

[107] 曲大维 . 主观贫困线研究述评 [J]. 当代经济 , 2011(18):166–168.

[108] 石坚 . 关于改革个人所得税费用扣除标准的建议 [J]. 财政研究 , 2010(7):68–71.

[109] 唐昊 , 贾凡力 . 最低生活保障标准的地区间对比分析 [J]. 经营管理者 , 2014(5):199–201.

[110] 田莹 , 宋小宁 . 个人所得税指数化改革的思考——基于统计方法和宏观经济波动的角度 [J]. 经济体制改革 , 2009(4):116–119.

[111] 童星 , 林闽钢 . 我国农村贫困标准线研究 [J]. 中国社会科学 , 1994(3):86–98.

[112] 涂中秋 . 基于指数化的方法测度 2013 年个人所得税免征额 [J]. 现代经济信息 , 2014(14):254–256.

[113] 王殿元 , 王涛 . 个人所得税费用扣除标准存在的问题及对策 [J]. 北方经贸 , 2005(8):36–37.

[114] 王访华 . 对个人所得税费用扣除标准的研究 [J]. 企业家天地 , 2011(2):53–55.

[115] 王怀祖 , 张熙悦 . 中美英个人所得税税率比较 [J]. 重庆工商大学学报 : 西部经济论坛 , 2004(3):39–41.

[116] 王剑锋 . 个人所得税超额累进税率结构有效性的一个验证——以对我国职工工薪所得数据的模拟为基础 [J]. 当代财经 ,2004(3):298–301.

[117] 王宪瑞 , 万伟平 , 蒋军民 . 新税制模式下个人所得税税率的实证研究和个案设计 [J]. 涉外税务 , 2005(3):69–71.

[118] 王红晓 . 德国个人所得税税率的特别设计及对我国的启示 [J]. 税收经济研究 , 2011(3):35–38.

[119] 王增文 . 中国农村贫困线及贫困率的测定 : 基于拟合收入分布函数法 [J]. 西北人口 ,2009(5):1–6.

[120] 魏明英 . 从税收的课税原则看中国个人所得税的免征额 [J]. 经济与管理 , 2005, 19(9):25–27.

[121] 吴碧英．中国 36 个城市最低生活保障标准实证分析 [J]．数量经济技术经济研究，2001(4):38-41.

[122] 谢雅欢．基于居民 " 生计费用 " 视角的个税免征额调整设想——以浙江省杭州市为例 [J]．商场现代化，2012(13):45-47.

[123] 薛文谦．合理设计我国个人所得税免征额 [J]．涉外税务，2006(6):101-103.

[124] 杨斌．论个人所得税工薪所得综合费用扣除的国际实践 [J]．涉外税务，2005(12):8-12.

[125] 姚金海．基于 ELES 方法的贫困线测量 [J]．统计与决策，2007(2):115-117.

[126] 余显财．个人所得税免征额的制度化调整：长周期，固定式 [J]．财贸研究，2010(5):84-89.

[127] 岳树民，卢艺，岳希明．免征额变动对个人所得税累进性的影响 [J]．财贸经济，2011(2):18-24,61.

[128] 岳树民，卢艺．我国个人所得税免征额界定的比较分析 [J]．税务与经济，2009(5):1-5.

[129] 张春红．个人所得税费用扣除标准存在的问题及建议 [J]．华商，2008(18):11-12.

[130] 张会萍，胡月霞．个人所得税改革对欠发达地区影响的实证分析 [J]．宁夏社会科学，2006(6):68-71.

[131] 张进昌．美英俄三国个人所得税税率结构比较与启示 [J]．税务研究，2003(10):151-152.

[132] 张蕾．调整个人所得税免征额效应分析 [J]．商情，2012(31):147-147.

[133] 朱志钢，高梦莹．论直接税与间接税的合理搭配 [J]．税务研究，2013(6):46-49.

[134] 左晓敏．税制结构优化与城乡收入差距——基于我国省级面板数据实证研究 [J]．会计之友，2013(21):104-110.